「究」

叢書・知を究める 9

犯罪はなぜくり返されるのか

社会復帰を支える制度と人びと

藤本哲也［著］

ミネルヴァ書房

はじめに

最近のわが国の刑事政策は大きな転換点を迎えたと言われている。それというのも、犯罪対策閣僚会議が、二〇一二（平成二四）年に、「再犯防止に向けた総合対策」を策定し、刑務所出所者等の再犯防止における効果を的確に把握するために、出所等年を含む二年間において刑務所等に再入所等する者の割合を、過去五年間における二年以内再入率の平均値を基準とし、これを二〇二一（平成三三）年までに二〇％以上減少させるという数値目標を掲げたからである。今や、再犯防止を語らずして刑事政策は成り立たないという段階にまで達している。

この数値目標を設定するにあたっての「有識者ヒアリング」において、「再犯防止」が現今の刑事政策において重要な課題であると提言し、再犯防止政策の火付け役を担った筆者としては、安全安心な社会を築くために、ある程度の責任を果たす義務があると思っている。

本書は、その書名が「犯罪はなぜくり返されるのか」となっていることからご理解いただけると思うが、その責任の一端を果たすための論考をまとめて一冊の本としたものである。そもそも、この本の原点は、ミネルヴァ通信『究』に「いまを見つめる刑事政策」と題して、二〇一三（平成二五）年五月（通巻第二六号）から二〇一五（平成二七）年三月（通巻第四八号）まで、連載したものである。加筆修正の上、本書に収録したことは言うまでもない。

奇しくも、『究』で連載を開始した二〇一三年は、犯罪対策閣僚会議が、「『世界一安全な日本』創造戦略」を閣議決定し、二〇二〇（平成三二）年開催のオリンピック・パラリンピック東京大会を視野に、新たな治安上の脅威への対策を含め、官民一体となった的確な犯罪対策を展開し、良好な治安を確保することにより、国民が安全で安心して暮らせる国であることを実感できる「世界一安全な国、日本」を創り上げることを宣言した年である。

この「『世界一安全な日本』創造戦略」の策定にあたっても、「有識者ヒアリング」で参考人として、わが国の矯正や保護の直面する問題や諸外国の動向について意見を述べさせていただいた。その経緯は、本書第Ⅶ部「刑事政策のいまとこれから」において論述しているところである。

現在、わが国はオリンピック・パラリンピック東京大会を四年後に控え、その準備に余念がないが、治安が良いということがオリンピック・パラリンピック東京大会の決定理由の一因となったという現状を考える時、再犯防止のための居場所（帰住先）と出番（就労）を確保するためにより一層の努力をすることが、安全で安心な社会を形成することの根幹であり、国家の喫緊の課題であることは言うまでもないであろう。

オリンピック・パラリンピック東京大会を成功させるためにも、安全安心な社会の形成のために全力を尽くし、再犯防止を国家の重要な政策と位置づけて、犯罪のない社会に一歩でも近づけていくことが、われわれ刑事政策を専攻する者の使命であるように筆者には思われる。

「世界一安全な国、日本」を復活させるために刑事政策をどう展開するか、刑事政策に携わる者に与えられた使命は重大である。

本書は、最近二年間の刑事政策の動向を勘案しながら、多様なテーマを取り上げて筆者独自の視点から、犯罪と更生保護のいまを展望したものである。再犯防止という課題とオリンピック・パラリンピック東京大会を成功裏に迎えるための安全安心な社会の実現という課題に、本書がどれだけ貢献できるかは定かではない。「新しい刑事政策の風」が吹いていると言われているわが国において、本書が、いささかなりともその風を捉えていることを望む次第である。

なお、本書を出版するにあたっては、ミネルヴァ書房の梶谷修氏と中村理聖氏にお世話になった。記して感謝の意を表したいと思う。

平成二八年九月一日

多摩市桜ケ丘の自宅にて　藤本哲也

犯罪はなぜくり返されるのか——社会復帰を支える制度と人びと

目次

＊初出：ミネルヴァ通信『究』「いまを見つめる刑事政策」二〇一三（平成二五）年五月（通巻第二六号）～二〇一五（平成二七）年三月（通巻第四八号）を加筆修正。

序章　犯罪学との出会い

1　筆者の専門分野

現在、筆者は、中央大学名誉教授であるが、二〇一一（平成二三）年九月からは弁護士登録をし、東京第一法律事務所に客員弁護士として籍をおいている。筆者の専門は、犯罪学、刑事政策、被害者学、刑法、少年法等である。そのため、本書においては、筆者の専門分野にわたるトピックスを適宜選択し、できるだけわかりやすく紹介したいと思っている。

さてそれでは、はじめに、筆者がなぜ大学で法学部を選び、大学院で犯罪学や刑事政策を専攻するようになったのかというところから話を始めたいと思う。

2　なぜ法学部を選んだのか

そもそも、筆者が法学部に入りたいと思ったのは、中学三年生のときに、今井正監督の『真昼の暗黒』

（一九五六年）という映画を見て、冤罪を晴らす「正木ひろし」のような弁護士になりたいと思ったことが直接の動機となっている。また、高校二年生のときに伊藤整氏の『裁判』（晶文社、一九九九年）という本を読んで、法律学を勉強したいという気持ちをますます強固なものとし、家がそれほど豊かではなかったので、当時、全国の大学の法学部の中で授業料が一番安くて、しかも多くの人材を法曹界に輩出していた中央大学法学部に入学することを決意した。

しかしながら、憧れの大学に合格した喜びで一杯の筆者を待っていたものは、残念ながら、法律学の勉強ではなく、安保闘争という学生運動であった。

安保闘争から学んだことも多かったが、もう少し勉強がしたいという一心から、筆者は大学院へと進んだ。どういうわけか、大学時代に民事法関係の成績が良かった筆者は、躊躇することなく、成績のあまり良くなかった刑事法を専攻し、しかも、刑事法の中でも最も専攻者の少ない刑事政策を専攻したのである。

これは、安保闘争のときに授業が休講となることが多かったので、図書館で読んだ牧野英一先生の『刑法研究』（全二〇巻、有斐閣）に影響を受けたのかもしれないとも思うが、その当時から、筆者には「苦手なものに挑戦する」という天邪鬼的なところがあったようにも思う。

このことが後に、「犯罪学」を急進的犯罪学というバークレー学派の立場から論理構成をし、「刑事政策」においてはラベリング理論（逸脱は周囲からのレッテル貼りによって生み出されるという考え方）の立場から体系化するという学問的傾向につながったのではないかと思う。

3　大学院で刑事政策を専攻

大学院に入ってからも順調に勉強ができたわけでない。時代は「七〇年安保」へと大きく動いていた。日本では充分な勉強ができないことに失望した筆者は、外国へ留学することを決意し、初めは、当時、世界的に著名な学者で人道的な刑事政策を展開していたマルク・アンセル（Marc Ancel）教授の『新社会防衛論』（*La défense sociale nouvelle*, 1954）の影響を受けて、フランスへ留学したいと思い、アテネ・フランセで二年間フランス語を勉強した。

しかし、やがてフランスにはアンセル教授以外に著名な刑事政策学者がいないということに気がつき、急遽アメリカへ留学する道を選択したのである。なぜかと言えば、当時、法務省が主催した講演会で、『社会的逸脱』（*Social Deviance*, 1964）という本の著者であるレスリー・ウィルキンス（Leslie T. Wilkins）教授の説く、アメリカ犯罪学に引きつけられたからである。

4　フロリダ州立大学時代の思い出

一九六九（昭和四四）年六月に、筆者は、法務省のルートを通じて、フロリダ州立大学大学院助手という資格で留学することが決まった。同年九月五日、東大安田講堂占拠事件の後、全国に波及した学園紛争を横目に見ながら、筆者は、妻と一歳半の長女を伴って、アメリカ留学の旅へと出発したのである。

空港で出迎えてくれたホストファミリーのホーカン弁護士に会い、ホーカンさんのお宅に一週間ほど滞在した後、筆者たちは、結婚している学生たちが住むアルムナイ・ビレッジ（Alumni Village）に入ることができた。いよいよ、アメリカ生活の開始である。

フロリダ州立大学は、フロリダ州の州都タラハシーにあったが、当時、タラハシーには、日本人は数人しかいなかったし、ましてや、家族連れで留学しているのは筆者くらいであった。

アメリカでは車なしで生活することができないことは、皆様もご存知のことと思う。お金がないので、当時一番安かったフォルクスワーゲンの中古車を買ったのであるが、買ってまだ一週間も経たないときに、キャンパスの駐車場に駐車していたにもかかわらず、違反のステッカーが貼ってある。おかしいと思って友人に聞いてみると、車検が切れているというのである。車検の表示はどこにあるのかと聞くと、後ろのプレートナンバーの横に、横一〇センチ縦五センチほどの紙が貼ってあった。それが車検だというのである。自分は車を買ったばかりだと話すと、たぶん車検が切れる寸前だったのではないかということで、その分、価格が安くなっているはずであるという。

納得はできなかったが、大学院の同じクラスの友だちが警察官で、たまたま彼の部下がチケットを切ったようなので、「これはなかったことにしてくれる」という。「持つべきものは友だちだ」と喜んで家に帰ったが、うっかり妻に話すのを忘れていた。その日の夕方、町まで買い物に出かけた妻が、今度は市警察（City Police）に捕まったのである。理由はもちろん「車検切れ」であった。

妻の場合は、結局、裁判所まで行く破目になった。筆者が通訳を務め事情を話すと、「一日の刑務所収容か一ドルの罰金、いずれかを選べ」という。妻が、「一ドルを支払う」と即座に答えたことは言うまでもない。

大学の方は、比較的順調であった。フロリダ州立大学は、当時、クオーターシステムを取っていたので、一年が四期に分かれて授業が行われた。筆者は九月から始まる秋学期に登録をしたのであるが、四科目ずつ履修すると最後の夏学期に修士論文が書けると計算して、スチューデント・アドバイザーに相談すると、あなたは大学院助手の身分で来ているので、授業料はアメリカの大学院生と同じであり、授業もアメリカの大学院生と同じように履修できるが、留学生であることに変わりはないので、特別な「英語」の授業を受けなければならないという。そこで、「それは単位に換算されるのか」と聞くと、「換算されない」との答えであった。

後でわかったことであるが、これが、「基礎的な英語能力は持っているけれども、アメリカの大学や企業でやっていくには充分な能力ではない外国人のための講座」として、全米に知られているフロリダ州立大学の「集中的英語研究センター」の講座であったのである。

留学生である筆者にはチューターがついてくれ、時間外でも英語の文章の添削をしてくれた。それというのも、秋学期四科目履修すると、一科目平均四冊の本を読むことが義務づけられる他に、毎時間「クイズ」と呼ばれる小テストが行われ、それができないと単位がもらえないのである。朝早くチューターにお願いして、筆者の書いた英語を添削してもらうのが日課となった。

その後、英語で苦労しながらも、原子力空母に乗って海軍での四年の兵役を済ませて大学院に在学していた友人フィルに、コンピュータに入力されているデータの収集を手伝ってもらい、陸軍で三年の兵役を済ませた友人トムに日本語英語をアメリカ英語に直してもらい、写真屋をしながら大学院に籍をおいているタイ料理が好きな友人ディックにパーティに招待してもらってストレスを解消しながら、七月には修士論文を提出することができた。修士論文の題名は、「犯罪生活曲線の応用による早発犯と遅発犯の常習性の分析」(An Analysis of Recidivism Between Youthful Offenders and Older Offenders by the Use of the Criminal Life Curve）である。

筆者が在学していた頃は、フロリダ州立大学の犯罪学部にはまだ博士課程が存在しなかった。一年待てば博士課程ができるから、特別研究生として在学していてはどうかという指導教授であるフォックス（Vernon Fox）教授の勧めがあって、博士課程に進学できることを小躍りして喜んだのであるが、人生はそんなに甘いものではなかった。当時、予算削減を公約していたニクソン大統領の奨学金カットの余波を受け、その申し出もご破算になってしまったのである。

妻と相談し、急遽、日本に近いカリフォルニア州へと移動することを決意したのは、奨学金カットが決まった三日後のことである。家財道具を売り払い、大陸横断の旅へと出かけたのは、奨学金カットの話が決まった一週間後のことであった。

5 カリフォルニア大学バークレー校時代

フロリダ州の州都タラハシーからカリフォルニア州のサンフランシスコまでの旅は、大変に厳しいものであった。朝七時から夜七時まで一二時間の運転を強行して、七泊八日を費やした。

太平洋を見たときは、この海の向こうには日本があるのだと思い、早く日本に帰りたいと願ったのであるが、それからさらに五年半もアメリカに滞在することになるのである。

筆者の第三の母校となったカリフォルニア大学バークレー校は、カリフォルニア大学の本校で、一〇校からなるカリフォルニア大学系列の中でも、最も古い歴史を持っている。バークレー校の特徴であるリベラルな校風は、一九五〇年代のマッカーシズムに対する強硬な抵抗に見られるように、バークレー校の教授陣のリベラルな気質に依存しているようであった。一九六四（昭和三九）年に出された学内での政治活動禁止令に呼応する形で、言論の自由を求める学生の抗議運動が展開され、筆者が入学した頃は、ベトナム戦争、カンボジア紛争反対運動を契機に、犯罪学部において、急進的犯罪学（Radical Criminology）が台頭しつつあった時期であった。ここでもまた、筆者は、学生運動に直面することになる。

筆者は、何よりもまず経済的基盤を確立するために、ホテルでアルバイトをすることにした。勤めて半年後にベルキャプテンにしていただいたお陰で、スケジュールを自由に組むことができ、勉強しながら働くことができた。

一年後、バークレー校で三つ目の修士号を取得し、博士課程に進学したが、そこで知り合ったのが、筆者の博士論文の副査を務めていただいたトニー・プラット（A. M. Platt）教授である。現在は、カリフォルニア州立大学サクラメント校を定年退職し、名誉教授として悠々自適の生活を送っているが、プラット教授は、一九七〇年代の急進的犯罪学の旗手であった。

プラット教授は大学院生に人気があったが、当時、デモをしていた学生と間違えられて逮捕され、警察を誤認逮捕で告訴していたこともあって、昼間の授業時間が取れず、教授の自宅での夜間授業が行われることがしばしばであった。われわれ学生の傍に受刑者が座っていたこともあり、ブラックパンサーの活動家が参加していることもあった。

筆者の博士論文のもう一人の副査は、当時、政治学部の教授で国際政治学者として知られており、日本研究で著名なチャルマーズ・ジョンソン（Chalmers Johnson）教授である。ジョンソン教授は、退職後、「日本政策研究所」（Japan Policy Research Institute）の所長をしていたが、先年逝去されたという報道に接した。

また、つい最近まで、「犯罪と非行に関する全米協議会」(National Conference on Crime and Delinquency)の会長をしており、現在は、バークレー校ロースクールで特任教授となっているベリー・クリスバーグ(Barry Krisberg)教授も、筆者の博士論文の副査として参加していただいた。クリスバーグ教授は、当時、新進気鋭の学者であり、『犯罪と特権――新犯罪学へ向けて』(*Crime and Privilege: Toward New Criminology*, 1975)という著書を執筆中であった。

もう一人の副査は、民族学の研究で著名な日系三世のロン・タカキ(Ronald T. Takaki)教授である。教授は、アメリカにおけるマイノリティの歴史を研究し、一九六六(昭和四一)年には、黒人の歴史について、カリフォルニア大学ロサンゼルス校で初めての授業を行った人物である。この分野の先駆者として知られていたが、二〇〇九(平成二一)年五月二八日に逝去されたとのことである。

カリフォルニア大学の博士論文の審査には、通常五人の審査員が必要であり、主査一人と副査二人の三人が署名委員として実質的な指導を行うことになっている。しかしながら、実際に、筆者が博士論文の指導をしていただいたのは、博士論文の主査である日系二世のポール・タカギ(Paul T. Takagi)教授である。タカギ教授との出会いそのものが、筆者の一生を左右したといっても過言ではない。

今でも鮮明に覚えているが、筆者がタカギ教授と初めてお会いしたときに、「在米日本人の犯罪」について研究したいとの意向を伝え、「なぜ日本人は、アメリカ社会で下層階級に属していたにもかかわらず、他の民族とは違って犯罪をおかさなかったのか。その原因を調査したい」と述べると、即座に五〇〇点にわたる参考文献を示し、これをすべて読むようにとの指示を受けた。「そんなにも文献があるのですか」と聞くと、「文献がないから、どのような方法で研究するかを、まず決めなければならない。

そのためには、アメリカ犯罪学の歴史的研究を詳細に分析する必要がある。だから読め」というのである。「困ったな」と思ったが、「来週までに、少しでも読んでくるように」とのことで、次の週に研究室を訪れると、「何を読んだか。どう思ったか」と質問攻めである。こうして二年の歳月が流れ、ようやく、論文を書き始めてもよいとの許可をいただいた。

図書館に通い詰めの毎日のため、最後の一年半は仕事をやめ、博士論文の作成に、すべての時間を注ぎ込むことにした。当時図書館は二四時間開いていたので、夜中に図書館に通うことが日常となったのもこの頃である。こうして完成したのが、筆者の博士論文「在米日本人の犯罪と非行」(Crime and Delinquency among the Japanese-Americans, 1975) であり、日本語では『社会階級と犯罪――在米日本人の場合』(勁草書房、一九八六年) として出版しているものである。

一九七五(昭和五〇)年一二月、カリフォルニア大学バークレー校から犯罪学博士号を授与された。筆者と筆者の家族の目標であった、博士号を取得するという一大イベントがここに終了したのである。一九七六(昭和五一)年一月に日本に帰国した。四〇年前のことになる。

6　本書の構成

帰国してからまもなく、中央大学法学部の非常勤講師として、「犯罪心理学」を担当することとなった。一九七六年四月のことである。一九七七(昭和五二)年四月には専任講師となり、一九七八(昭和五三)年四月には助教授となり、一九八〇(昭和五五)年には教授となることができた。それから三五年間、中央大学で犯罪学と刑事政策を教えてきたことになる。

中央大学を定年退職後、二〇一六（平成二八）年三月三十一日まで、筆者は常磐大学大学院被害者学研究科教授として、加害者学と被害者学を教えてきた。これが筆者の自己紹介である。

本書では、筆者の専門である刑事政策を中心に、各種犯罪を取り上げて話題を提供したいと思うが、通常、刑事政策という場合、「犯罪の原因を探求し、これに基づき犯罪を防止するための国家・団体・個人の活動である」と定義されている。それゆえ、犯罪の原因を探求する「犯罪原因学」と、犯罪を防止するための国家・団体・個人の活動である「刑事政策学」に関するトピックスを取り上げて論じることになるであろう。もちろん、犯罪学、刑事政策学との関連性において、被害者学のトピックスを取り上げることは言うまでもない。第一章においては、まず、「統合科学としての犯罪学」について紹介してみたいと思う。

第Ⅰ部　犯罪学・刑事政策の発展過程と概要

第一章　統合科学としての犯罪学
——犯罪学の対象領域とはなにか——

1　社会科学としての犯罪学

　さて本章では、筆者の提唱する犯罪学とはいかなるものであるかについて述べたいと思う。簡単に言えば、犯罪学の守備範囲、つまり対象領域を明らかにするということである。そうすることが、犯罪学と刑事政策の関係、ひいては犯罪学と刑法、刑事訴訟法、そして被害者学との関係性をも明確にすることができるからである。

「社会あるところに犯罪あり」と言われるが、犯罪を固有の研究対象とする犯罪学を、学問として体系化しようとする動きが起こったのは比較的最近のことである。このように社会科学の中では比較的新しい学問である犯罪学が、どのような学問であるかを数行でもって説明することは至難の業である。しかしながら、筆者にとって犯罪学とは、「犯罪とは何か」で始まり、「犯罪とは何か」で終わる学問であるように思われる。通常、犯罪とか犯罪者という言葉を用いる場合、そこには犯罪者は、われわれと違った人間であるという認識がある。われわれと違った犯罪者には、われわれと違った素質や環境がある、とするところに従来の犯罪学の原点があった。

筆者は、犯罪者もわれわれと同じ人間であるとするところに、犯罪学の出発点をおきたいと思う。すなわち、犯罪者とは悪い人間であり、彼らの行為は不道徳なものであるとする断定的なわれわれの考えの中に、犯罪者を生み出す原因が含まれているのではないかということを問題とするのである。

このように、「犯罪そのもの」を学問の対象とする犯罪学は、社会科学の一分野であり、人間の犯罪行動を説明する学問であると言える。つまり、犯罪学は、犯罪行動を通常の人間行動として捉える学問なのであり、そのため、犯罪学においてなされる犯罪行動の説明は、非犯罪行動の説明から全く切り離されたものであってはいけない、ということになるのである。すなわち、犯罪学とは、異質的接触理論を提唱したアメリカの犯罪学者E・H・サザランド（E. H. Sutherland）の言うごとく、「人間の犯罪行動を説明し得る理論は、同時に人間の行動一般をも説明し得る理論でなければならない」という前提から出発する学問であるということになるのである。

2　犯罪学の定義

かつて、わが国においては、「犯罪学」ではなく「刑事学」という言葉が用いられていた。一九二四（大正一三）年に、東京帝国大学法学部において「刑事学」という講座が設けられたが、これは犯罪学に関する日本で初めての大学の講座であった。その後、「刑事学」という言葉よりも「刑事政策」という言葉が一般的となり、さらに戦後に、英米、特にアメリカの影響が強くなったこともあり、最近では「犯罪学」という言葉が盛んに用いられている。このように、わが国においては、「犯罪学」、「刑事政策」、

「刑事学」という用語が、ほぼ同じ意味内容のものとして捉えられ、それらに差異を設けないというのが、通説的な見解である。

しかしながら、この三つの用語について厳密な説明をすれば、そもそも「犯罪学」が英語の criminology の訳語であり、「刑事政策」が独語の Kriminalpolitik の訳語で、「刑事学」が仏語の sciences pénales の訳語であり、それぞれ、その国の学問的背景の違いを伴っていると考えることができる。したがって、そのような意味合いから、筆者は、「犯罪学」、「刑事政策」、「刑事学」の用語をできるだけ厳格に区別する必要があると考えている。

3　狭義の犯罪学と広義の犯罪学

そこで筆者は、これらの用語の区別を明確にするために、犯罪学を、狭義の犯罪学（犯罪原因学）と広義の犯罪学（統合科学としての犯罪学）に分けて論じている。

つまり、犯罪原因学とは、いわゆる犯罪の原因を探求する学問であり、これに対して、統合科学としての犯罪学は、犯罪と刑事制裁一般及び刑事司法制度全般に関する学問を意味し、犯罪原因学、刑法学、刑事訴訟法学、刑事政策学、さらには被害者学を含めた広い学問分野を意味するものとして理解するのである（**図1**）。

図1　統合科学としての犯罪学（広義の犯罪学）

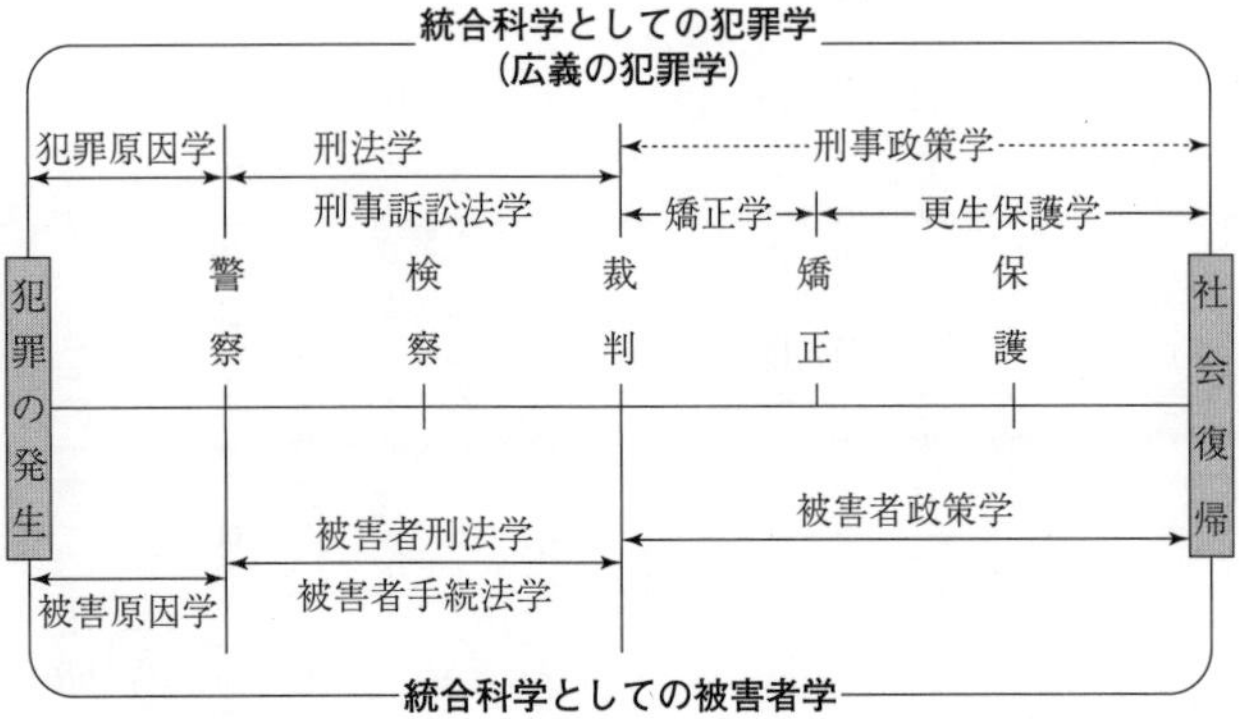

4　犯罪原因学と刑法学

それでは、統合科学としての犯罪学の一分野を構成する犯罪原因学と、同じく統合科学としての犯罪学の一分野を構成する刑法学とは、一体どのような関係にあるのであろうか。

そもそも犯罪原因学は、犯罪の原因を追究する学問であるが、これは「事実学」であると称されている。つまり、事実学としての犯罪原因学は、犯罪の原因を探求し、人間行動を経験科学的に分析することにその主眼があり、犯罪の発現形式と事実関係が重要な関心事であるということになる。

その一方で、刑法学は、「規範学」であると称されており、それは、現行法規範に関する科学であり、その関心の中心は、現行法規範の体系、構成、解釈にある。それゆえ、犯罪の原因という事実そのものに興味があるというよりも、これらの事実が法的思考過程の前提となると考えられることから、関心を持たざるを得ないのであり、事実を規範の前提として捉えるところに特色がある。

また、このように事実学としての犯罪原因学と、規範学としての刑法学というように両者を区別する手法に加えて、犯罪原因学を「存在の科学」とし、刑法学を「当為の科学」として区別する見解も存在する。この存在の科学としての犯罪原因学は、それが経験的基礎科学と統計に由来する多様な方法と概念を用いることから、そのように称され、これに対して刑法学は、規範的な価値判断を行うことが求められることから、当為の科学と称されるのである。

このように考えると、犯罪原因学は、事実学あるいは存在の科学として、刑法学の根底に流れる哲学や立法事実を提供するものであり、まさに規範学あるいは当為の科学である刑法学の基礎科学として存在するものであるとも言えよう。

しかしながら、このように犯罪原因学を刑法学の基礎科学として捉える見解には、異論がないわけではない。すなわち、犯罪原因学は、単に事実学あるいは存在の科学としての地位にとどまるものであり、何らの価値判断を行うことはできないため、犯罪原因学は、事実学としての学問的役割を果たすに過ぎず、規範学たる刑法学にそれほど影響を与えるものではないとする見解も存在するのである。このような見解は、犯罪原因学には、刑法学の基礎科学としての存在価値は見出し得ず、刑法学の補助科学としてのみ価値があるという立場から主張される見解であろうと考えられる。

このような見解によって、犯罪原因学と刑法学の葛藤が表面化したのは、主に「刑事政策学」の領域においてであった。すなわち、犯罪原因学は、犯罪の原因を探求し、犯罪現象の分析を通して、犯罪の防止策を考究することにその使命があるのであり、一方、刑事政策学の課題は、こうした知見を具体的な立法政策として提言し、価値関係的な法原理の全体構造と調和させることにあるので、犯罪原因学は、刑事政策学を通して初めて刑法学と接点を持つのであり、犯罪原因学自体は、刑法学と接点を持ち得ないと主張されたのである。

この点に関して、例えば、マルク・アンセル教授は、事実学としての犯罪原因学と規範学としての刑法学との間には、立法現象の観察の科学のための場所、すなわち刑事政策学が存在するのであり、その刑事政策学において、犯罪学者と刑法学者は敵対するのではなく、同一の作業のための共同作業班員として協力し得るのであり、これが現実主義的で、人道的な刑事政策学であると述べたのである。つまり、アンセルは、刑事政策学が、犯罪原因学と刑法学のために共通の作業の場を提供する学問であると考えたのである。

このような刑法学の基礎科学としての犯罪原因学の重要性は、刑法学者からも、つとに指摘されているところである。

例えば、西原春夫教授は、刑法上の犯罪（殺人、強盗など刑法に規定される犯罪）と特別法上の犯罪（道路交通法違反、覚せい剤取締法違反など刑法犯以外の犯罪）を体系化し、関連づけるためには、従来のような法益ごとの犯罪の分類ではどうしてもうまくいかず、そこで、犯罪を、社会生活の実態に即して分類することを試みた。そして、そのような研究手法の根拠として、犯罪学的な観点とか、あるいは社会学的な観点というものを加味して犯罪を分類してみれば、刑法上の犯罪と特別法上の犯罪とが関連させられるし、併せて刑罰の社会的機能というものも、より考えやすくなるのではないかと思ったと述べている。

また、前田雅英教授も、刑法学の基礎科学としての犯罪学の重要性について、犯罪論に関して言えば、新派的な科学主義を昇華した理論にならなければならないと考えており、合理的な効果の有無の検証の視点抜きに、刑罰論を考えるのは不毛である。犯罪論が犯罪行為の範囲を合理的に確定する理論である以上、犯罪現象そのもの、そしてそれに対する裁判所を含む司法機関の対応の実証主義的研究が重要な意味を持つことは、誰も否定できないと論じている。

とりわけ、この前田教授の主張で興味深い点は、刑法解釈論の基盤として犯罪学を捉える契機となったのは、一部の刑法学者によってラベリング理論が認識されるようになったことによるものである、としている点である。

つまり、前田教授は、全犯罪者のほんの一部に過ぎない被告人を前提に、自己完結的で精緻な犯罪論をいくら展開してみても「箱庭作り」の空しさを感じざるを得ない。刑法学を、犯罪学の視点抜きに論じることは無意味であることを、刑法学者は次第に認識してきたのではないかと述べている。

これら代表的な刑法学者によって裏づけされているように、犯罪原因学は、今や刑法解釈の具体的帰結を決定するものとして位置づけられていることは明白であり、まさに刑法学の基礎科学として認識されていると言える。

5　新しい犯罪学と筆者の見解

さて、これまでは、狭義の犯罪学としての犯罪原因学を中心に説明してきたのであるが、次に、犯罪原因学、刑法学、刑事訴訟法学、刑事政策学、そして被害者学をも統括する上位概念としての「統合科学としての犯罪学」について論じてみたいと思う。そもそも、「存在の科学」としてのみならず、「当為の科学」としても存在価値が認められるような犯罪学とは、いかなる内容のものであろうか。

筆者は、これまで、アメリカ犯罪学を中心に犯罪学理論を紹介してきたのであるが、その中でも、一九七〇年代に台頭した「新しい犯罪学」は、犯罪原因学の新しい視点からの展開のための指針にとどまらず、総合科学としての刑事法体系を樹立するための、出発点となる理論ではないかと思う。

ここでいう「新しい犯罪学」とは、「新犯罪学」、「批判的犯罪学」、「急進的犯罪学」の三つの犯罪学理論を総称するものであるが、この「新しい犯罪学」は、犯罪学のパラダイムを、「社会的相互作用」あるいは「社会的実体」として捉えるもので、従来の伝統的な犯罪学理論に対する批判を軸に展開されたものである。とりわけ、急進的犯罪学理論は、カリフォルニア大学バークレー校犯罪学部が生み出した理論であり、ポール・タカギ教授やトニー・プラット教授等によって積極的に主張された犯罪学理論である。

また、批判的犯罪学理論においては、ラベリング理論を新しい犯罪学の範疇に入れて論じている。このラベリング理論は、タカギ教授やプラット教授たちが急進的犯罪学を展開する前に支持していた理論であり、彼らはラベリング理論を発展途上にある理論であるとして、一歩前進した形において急進的犯罪学理論へと突き進んだ。急進的犯罪学理論は、ラベリング理論の発展的展開であったということになる。

このような意味において、急進的犯罪学理論とラベリング理論は、筆者の犯罪学及び刑事政策学を支える犯罪学理論として、重要な意味を持つものであると言える。筆者は、犯罪原因学についてはそれらが専ら犯罪原因を根源的に究明する学問であることから、急進的犯罪学の視座から理論構成を試みている。刑事政策学については、専ら犯罪対策論を論じる学問であることから、ラベリング理論の視座に立って、刑罰論や各種犯罪対策を論じており、この両者を合わせたものが、筆者の標榜する統合科学としての犯罪学ということになる。

6　統合科学としての犯罪学

以上、犯罪学を法律学の隣接科学と考え、刑法学の補助科学として捉える従来の通説的見解とは異なり、犯罪学を統合科学として位置づけることの重要性を論じてきた。

しかしながら、犯罪学を、刑法学の補助科学として捉える見解それ自体には、もちろん、歴史的な経緯があったことを指摘しておかなければならない。つまり、わが国は不幸にも戦前において強烈な全体主義を経験し、そのことの反省から、戦後の日本刑法学においては、刑罰法規を形式的に解釈することにより、恣意的刑罰権の運用を防止することにその主眼がおかれたのであり、そのような刑法学の潮流においては、犯罪や刑罰の実体の探究はさておき、形而上学的な理論体系の構築がまず目指されたということを理解する必要がある。

しかし、新世紀を迎えた現在においては、判例の集積及び実務の要請に鑑みれば、現実に生起する社会現象を無視して形而上学的な理論の枠内にとどまることが、法律学においては許されなくなっているのではないかと筆者は思う。すなわち、サイバー犯罪、高齢者犯罪、精神障害者の犯罪、医療過誤、薬害、生命倫理、環境公害等、次々と新しい法律問題が、即座に解決しなければならない現実の課題として、社会的に大きくクローズアップされるに従い、法律学、とりわけ刑法学は、実務の要請、さらには、その背後に存する社会的要請に応える義務が生じているように筆者には思われるのである。

そして、そのためには、何よりもまず、犯罪の実態を熟知するために、実証主義的に犯罪原因を探求し、統計学的に費用便益を慎重に計算した上で、刑法理論を構築する必要性が生じているのではないかと思う。つまり、本来的に犯罪を規定する刑法は、犯罪学理論によって探求された原理の上に構築されるべきであり、それを刑事政策的に実現することにより、安心・安全な社会の構築を日指すことが求められているのである。

こうした現実的な刑事法理論の体系化の重要性は、わが国においても裁判員裁判がスタートしたことにより、ますます高まってきているように思われる。裁判員裁判においては、一般国民が、事実認定に加えて量刑にも携わるようになった。そのために、裁判員に要求されるのは、単に裁判官の法解釈に従って事実認定をするだけではなく、被告人の性格、経歴、環境等を充分に観察した上で、再犯の可能性、改善更生、社会復帰の可能性といったような刑事政策上の要請をも考慮に入れた総合的判断であろうと思う。

一般国民の社会的常識を司法に導入することが裁判員裁判の主要目的の一つである以上、被害者の立場を考えながらも、「法律的な常識」を考慮に入れて、犯罪の原因や被告人の人間性に対する洞察力を持ち、犯罪者も国民の一人であるという認識の下、被告人の人権の保障と人間としての尊厳に配慮をしながら、裁判を進めていく必要があるように思う。

筆者がここで言いたいことは、犯罪原因学は、刑法学のみならず、刑事訴訟法学、刑事政策学、そしてまた被害者学においても、その理論的出発点としての位置づけがなされなければならないということである。犯罪原因学、刑法学、刑事訴訟法学、刑事政策学、被害者学を統合する社会科学として、「統合科学としての犯罪学」という概念を筆者が提示する理由は、ここにあるのである。

第二章　被害者学の歩みと未来像

1　被害者学との出会い

筆者と被害者学との出会いは、わが国の被害者学の創始者であり第一人者である、故宮澤浩一教授との出会いに始まる。宮澤教授の紹介で、一九七九（昭和五四）年に西ドイツのミュンスターで開催された「第三回国際被害者学シンポジウム」に出席したことがそのきっかけである。筆者はこのシンポジウムにおいて、「The Victimological Study in Japan」（日本の被害者学の現状）について紹介し、日本の被害者学の発展過程を四期に分けて説明した。

第一期は一九五八（昭和三三）年から一九六〇（昭和三五）年までの時期である。わが国の被害者学は、一九五八年に、東京医科歯科大学の中田修助教授が「メンデルソーンの被害者学」を紹介したことから盛んになったと言われており、一九六〇年に古畑種基教授、吉益脩夫教授、中田修助教授、小野島嗣男氏、広瀬勝世氏等による「被害者学について」というシンポジウムが開催されたときまでが第一期である。この時期がわが国の被害者学の「黎明期」であり、東京医科歯科大学がその研究の拠点であった。

第二期は一九六一（昭和三六）年から一九六五（昭和四〇）年までの時期である。山岡一信氏の一九六一年の「人を客体とした犯罪の被害者」という論文に代表されるように、実態調査が盛んに行われた時期であり、科学警察研究所の一連の研究がこの時期を支えたといっても過言ではない。この時期を被害者学の「形成期」と位置づけることができよう。

第三期は一九六六（昭和四一）年から一九六八（昭和四三）年までの時期であり、わが国の被害者学研究が隆盛を極め、国際的にも注目されるようになった時期である。この時期の研究は、科学警察研究所に加えて、法務総合研究所が被害者の実態調査に乗り出した時期であり、わが国の被害者学の「完成期」である。

第四期は一九六九（昭和四四）年から一九七九（昭和五四）年の「第三回国際被害者学シンポジウム」までの時期で、「国際化の時期」と筆者は位置づけている。一九六九年には、宮澤浩一教授がドイツのザールブリュッケンで開催された全犯罪学会で「日本における被害者学的研究の現状について」という独文の報告を行っており、一九七九年には、先述のとおり筆者が「第三回国際被害者学シンポジウム」で、「日本の被害者学の現状」と題して英文の報告をしている。このように、第四期は、わが国の被害者学研究が国際会議の場で紹介され、認められた時期である。

もちろん、この分類は、一九七九年に報告した内容であるから、その後の三〇年余の時間の経過を考えれば、わが国の被害者学発展の歴史は再構成される必要があることは言うまでもない。

2　被害者学の原点：一九八〇年の時点での筆者の立場

そこで、これはあくまで筆者個人の被害者学に関する研究過程を中心としてではあるが、その後のわが国の被害者学の発展を、①一九八一（平成三）年から一九九〇（平成二）年まで、②一九九一（平成三）年から二〇〇〇（平成一二）年まで、③二〇〇一（平成一三）年から現在までに分けて紹介してみたいと思う。

一九八一年から一九九〇年までの時期について展望する前に、一九八〇（昭和五五）年に出版した拙著『犯罪学入門』（立花書房）の中で、筆者は、被害者学を狭義の被害者学、すなわち、被害者学を犯罪学と対置する立場にある学問として位置づけている。

まず、被害者学を、広義の被害者学と狭義の被害者学の二系統に分けて説明している。一つは、ヘンティッヒ（Hans von Hentig）の考え方に基礎をおくもので、被害者学を、犯罪の被害者に関する科学として限定する考え方である。もう一つは、メンデルソーン（Benjamin Mendelsohn）の考え方に基礎をおくもので、被害者学は、単に犯罪の被害者のみならず、事故の被害者や自然災害による被害者等をも対象とするもので、いわば被害者一般に関する科学とするものである。前者が「狭義の被害者学」で、後者が「広義の被害者学」である。

この分類は、現時点でも有用であり、要は、被害者学に犯罪学の一分野としての地位を与えるか、被害者学に、犯罪学、社会学、法律学のほかに、心理学、精神医学等の専門知識を必要とする統合科学としての地位を与えるかの論争に還元されるであろう。

ヘンティッヒは、被害者の問題を犯罪学の一側面と考え、「被害者の存在がむしろ犯罪者をつくる」という基本的態度をとり、加害者と被害者の関係を分析している。ヘンティッヒがその著書『犯罪とその被害者』（*The Criminal and his Victim*, 1948）において提示している基本的仮説は、①犯罪者が被害者となり、被害者が犯罪者となる場合があること、②被害者には被害者になりやすいタイプがあること、③犯罪者と被害者の関係は、主体＝客体の関係として捉えなければならないこと等である。すなわち、ヘンティッヒは、加害者・被害者それぞれについて、手段、被害の程度、その事情等についての研究が集大成されるならば、主体と客体との関係について理論的にも有意義な全体像を得ることができるはずであるという確信に基づいて、加害者・被害者の複雑な精神的要因により誘発された相互作用、反発したり引き合ったりする微妙なメカニズム、生物学的・社会学的な因果の系列の中で、いずれの側に非があるのか、明確に区別することができない場合があることを、事例をあげて説明しているのである。

これに対して、メンデルソーンは、被害者学は犯罪学から独立した新しい科学であり、生物学、心理学、社会学といった人間諸科学の知識を動員する新しい学問であると主張するのである。

近代社会は犯罪学を確立し、犯罪防遏《ぼうあつ》に関するあらゆる面を追究し、その基準として犯罪者の人格を取り上げている。しかし、被害者を研究する特殊な科学は全然ない。こういう態度は異常なことであり、科学と裁判にマイナスの結果をもたらし、日常生活にも好ましくない影響を及ぼしている。裁判の公平、正確を期するためにも、被害者が犯罪者と同様な方法で研究されることが絶対に必要である。犯罪の問題が被害者の面からも予防的、治療的、あるいは生物学的、心理学的、社会学的に追究されるべきである。この新しい科学こそ、われわれが被害者学（Victimologie）と称するものである。それは社会防衛の政策を意図し、社会の成員を教育し治療することによって、彼らを被害とその反復から守ることを主要目標としていると、メンデルソーンは述べている。

このように、メンデルソーンは、被害者学を犯罪学から歴然と区別し、社会が利害関係を持つ種々の領域において、しかも社会が利害関係を持つ程度において被害者を少なくすることが、被害者学の目的であると考えるのである。

以上が、ヘンティッヒとメンデルソーンの見解であるが、ヘンティッヒの見解に立脚しようが、メンデルソーンの見解に立脚しようが、被害者学が犯罪学や刑事政策の分野において果たす役割には大きいものがあることは言うまでもない。

3 「日本被害者学会」の設立：一九八一年から一九九〇年まで

一九八一（昭和五六）年に、犯罪被害者等給付金支給法が施行され、一九八二（昭和五七）年には、「第四回国際被害者学シンポジウム」が東京と京都で開催された。本大会は、二三か国、一四〇名の諸外国の学者・実務家と、それと同数の日本の学者・実務家が出席した。東京大会における第一分科会において、「被害者学の一般的問題」をテーマとした報告が行われた。座長はドイツのホルスト・シューラー＝シュプリンゴルム（Horst Schüler-Springorum）教授であり、副座長は筆者が務めることとなった。第一分科会では、一日半にわたって、西ドイツ（当時）のカイザー（Günter Kaiser）、シェーネマン（Bernd Schünemann）、ヒレンカンプ（Thomas Hillenkamp）各教授、ポーランドのホリスト（Brunon Holyst）教授やオランダのフィゼリァー（Jan P. S. Fiselier）教授をはじめとする二二の報告が行われた。そして、これらの報告に対する議論も活発になされた。東京大会での第一分科会が盛況裡に終了したことは言うまでもない。

この頃、国際的には、一九八五（昭和六〇）年にイタリアのミラノで開催された「第七回犯罪防止及び犯罪者処遇に関する国際連合会議」の第三議題において、「犯罪の被害者」が取り上げられ、その決議として「犯罪の被害者と権利濫用の被害者に関する司法の基本原則宣言」が採択された。また、一九八八（昭和六三）年には、イスラエルで「第六回国際被害者学シンポジウム」が開催された。さらに、アメリカでは、一九八二年から一九八四（昭和五九）年にかけて、一連の被害者に関する法律が制定され、西ドイツ（当時）では、一九八七（昭和六二）年七月一日から、被害者の地位の改善に関する第一法律が施行されることとなったのである。

そして、国内においても、一九八七年に行われた「第六五回日本刑法学会」におけるワークショップで、「被害者研究の視点」がそのテーマとして取り上げられた。同様に、一九八九（平成一）年の「第六七回日本刑法学会」においても、「刑事手続と被害者」というタイトルの下に、ワークショップが開催されている。そして、一九九〇（平成二）年には、「日本被害者学会」が設立されたのである。

4　アジアの被害者学会の形成：一九九一年から二〇〇〇年まで

一九九三（平成五）年には、韓国被害者学会の要請を受けて、ソウルプレスセンターにて、「日本の刑事司法における被害者の地位」と題する基調報告を行った。わが国の被害者学会は前述のごとく、一九九〇年に設立されたのであるが、韓国の被害者学会はその二年後である一九九二（平成四）年に設立されており、筆者の報告は、韓国の第二回被害者学会においてであった。この頃になって、ようやく、アジアの被害者学研究がその緒に就いたということになるのである。アジアの被害者学は、被害者学が創設されて以来、実に半世紀を経て学会の結成という方法において、その新しい第一歩を踏み出したのである。

一九九五（平成七）年、わが国の犯罪学や被害者学の歴史を変えるような大震災と大事件、すなわち「阪神・淡路大震災」とオウム真理教による「地下鉄サリン事件」が発生した。これらの出来事を契機として、わが国は、各刑事司法段階において、犯罪被害者に対する本格的な対応策を打ち出すこととなるのである。例えば、警察庁は、翌年に、被害者対策の基本方針を取りまとめた「被害者対策要綱」を制定し、一九九九（平成一一）年には、「犯罪捜査規範」を改正している。また検察庁は、一九九九年に、全国的に統一された「被害者等通知制度」を実施し、犯罪被害者等の一定の者に対し、事件の処理結果や裁判結果等を通知する制度を設けている。このように、一九九五年以降、わが国においては、犯罪被害者に対する国家的施策が徐々にではあるが展開されるようになり、犯罪被害者を国家レベルで本格的に救済していこうとする姿勢や動きが見られるようになるのである。

こうした時代背景の下、一九九〇年代後半になると、筆者の被害者学研究において、修復的司法関連の論文がその主座を占めることとなった。世界の刑事司法のパラダイムが、応報的司法から修復的司法へと移行しつつあることが、筆者の著述の流れにおいても窺われるようになるのである。すなわち、世界的には、刑事司法のパラダイムは、国家、地域社会、加害者、被害者を包含させる修復的司法システムの構築へと動きつつあることが現実のものとなるのである。一方、わが国においては、修復的司法の実現には至っていないものの、犯罪被害者を国家レベルにおいて本格的に救済していこうとする動きが明白な路線になった。当時、筆者は、これらの諸外国における修復的司法の取組を、非常に先駆的なものであり、また画期的なものであるとして、興味深く紹介した記憶があるが、しかしながら、刑事司法制度の新しい動向に鑑みて、わが国における修復的司法の採用可能性を考察し始めるのは、二〇〇〇（平成一二）年以降のこととなる。

5　わが国独自の法改革の幕開け：二〇〇一年から現在まで

二〇〇一（平成一三）年九月一一日には、アメリカにおいて「同時多発テロ」が発生した。国内においても、長引く不況の影響もあって、国民の安全に対する意識が変わり始め、「わが国の安全神話が崩壊した」と言われ始めたのは、この頃である。また、この時期には、「児童虐待防止法」、「配偶者暴力防止法」、「ストーカー規制法」、「改正少年法」、「国際受刑者移送法」、「心神喪失者等医療観察法」等をはじめとする、様々な平成時代の新立法が制定されることとなり、まさに、わが国独自の法改革を志向する重要な時期の幕開けでもあった。

この時期の新立法の一つとして、二〇〇〇年には、いわゆる「犯罪被害者保護二法」が制定されることとなった。この頃の筆者の被害者学研究の関心は、被害者そのものから被害者関連性へ、そして、さらには修復的司法へと、完全にシフトすることとなった。

概して、筆者は、二一世紀の刑事司法のパラダイムは、加害者の処遇や矯正に関心がおかれた「応報的司法」から、被害者、加害者、国家、地域社会という四者、あるいは被害者、加害者、国家又は地域社会の三者が参加するプログラムの重要性を示唆した「修復的司法」へと変遷する必要性があることを指摘している（44頁の図2参照）。そして、わが国の修復的司法の採用可能性を考える場合、国家、被害者、加害者が参加する修復的司法の形態として、「矯正段階における修復的司法」を、地域社会、被害者、加害者が参加する修復的司法の形態として、「保護段階における修復的司法」の採用を検討することで、矯正と保護の連携が可能となるのではないかとの提案を試みたのである。

このような中、二〇〇四（平成一六）年一二月八日には、犯罪被害者への総合的な対策の枠組みを定めた「犯罪被害者等基本法」が制定されることとなった。この法律においては、犯罪被害者のための施策の基本理念を明らかにして、国、地方公共団体及びその他の関係機関並びに民間団体等の連携の下、犯罪被害者等のための施策を、総合的かつ計画的に推進することが明言されている。

二〇〇七（平成一九）年には、「犯罪被害者等の権利利益の保護を図るための刑事訴訟法等の一部を改正する法律」が成立し、これにより、①犯罪被害者等が刑事裁判に参加する「被害者参加制度」、②犯罪被害者等による損害賠償請求に関して刑事手続の成果を利用する「損害賠償命令制度」、③犯罪被害者等の氏名等の情報を保護する刑事手続における被害者特定事項の秘匿のための手続、④刑事訴訟における公判記録の閲覧・謄写の拡大、⑤民事訴訟におけるビデオリンク等の措置が導入されることとなった。また、同じく二〇〇七年に制定された「更生保護法」においても、犯罪被害者等基本法や犯罪被害者等基本計画に基づいて、仮釈放等の審理において被害者等の意見等を聴取する制度と、保護観察対象者に対して被害者等の心情等を伝達する制度が創設されている。

6　被害者学の未来像

あらためて指摘するまでもなく、刑事司法制度は、本来、被害を受けた国民から私的復讐手段を取り上げ、国家がそれを肩代わりしたことから始まったものである。それゆえ、被害者の法的地位を刑事司法制度の運用との関係において考察することは、歴史的には至極当然のことであり、無限定な形で被害者学の縄張りを拡大していくよりも、円滑な被害者支援と援助のために、刑事司法制度上の施策として、いかなる被害者保護政策が考えられるかを模索することの方が、まず検討すべき喫緊の課題ではないかと筆者には思われる。こうした考え方は、被害者学の発展を阻害するものではなく、被害者学が着実にその地歩を固めていく上での大切な第一歩ではないかと思う。

かつて犯罪学がそうであったように、犯罪生物学ではなく、犯罪心理学でもなく、犯罪社会学でもない、「統合科学としての犯罪学」を確立するためにしてきた努力と、同じ努力と忍耐を、被害者学に求めることこそが、被害者学の未来を形成するために必要なのではないかと筆者は思うのである。

被害者学も、将来的には、「被害者心理学」を展開し、「被害者社会学」を発展させることも視野に入れることが要請されるであろう。そのような意味において、今後、「統合科学としての被害者学」をいかに展開していくべきか、その課題の設定と目的達成には大きな試練が伴うものと思われるが、「統合科学としての被害者学」という発想なくしては、被害者学のさらなる発展は望みがたいように思われる。被害者学の体系化を、期待を込めて見守っていきたいと思う。

第三章　刑事政策の歴史的変遷

1　近代法制の始まり

日本の近代化が始まった明治元年以来、平成の時代に至るまでのわが国の刑事政策は格段の進歩を遂げている。この一四〇余年間の刑事政策の歴史を概観するにあたって、どのように時代区分をし、いかなる分析枠組みを用いて考察するかは、極めて難しい作業である。本書では、その発展過程を、「第一次法改革期」、「第二次法改革期」、「第三次法改革期」の三つに区分し、それぞれを、「大陸法継受の時代」、「英米法継受の時代」、「わが国独自の法形成の時代」として、その歴史的変遷を素描してみたいと思う。

2　大陸法継受の時代：一八八〇年から一九四五年

明治時代においては、一八六八年の「仮刑律」、一八七〇（明治三）年の「新律綱領」、一八七三（明治六）年の「改定律例」と相次いで、わが国における最初の統一的な刑法典が整備された。しかしながら、これらの刑法典は、明治維新の王政復古を反映した律令刑法に、旧幕府の刑法を付け加えた封建的な刑法に過ぎず、近代的な刑法典とは程遠いものであった。また、これと並行して、一八七二（明治五）年に、囚獄権正（内務省監獄局次長）小原重哉によって起草された「監獄則」と「監獄則図式」が制定されたが、この監獄則は、翌年の一八七三年に、財政的な理由によって空文化されている。しかしながら、この監獄則においては、「獄ハ人ヲ仁愛スル所以ニシテ人ヲ残虐スル者ニ非ス……」という宣言がなされ、行刑法規において、当時の封建的であった刑法に先駆けて、一足早く近代化の萌芽が現れていたのである。

明治政府は、一八七三年にパリ大学のボアソナード（Gustave Émile Boissonade de Fontarabie）を法律顧問として招聘し、彼が起草した草案に基づく四三〇条からなる旧刑法が、一八八〇（明治一三）年に成立した。この旧刑法は、わが国最初の近代的な刑法典であり、当時のフランスのナポレオン刑法典とその他の国の大陸法を広範囲に採り入れたもので、全体として啓蒙主義的自由主義を基盤とするものであった。

そして、一八八一（明治一四）年には、フランス法に依拠した刑法に合わせて、フランス・ベルギーの行刑法を参考にした「監獄則」が制定され、大陸法継受によるわが国の刑事法制の最初の近代化が成し遂げられたのである。これを「第一次法改革期」と呼ぶことができるであろう。

一八八九（明治二二）年にプロシア憲法を基盤に据えた大日本帝国憲法が制定され、これを機にわが国の法制は、フランス法制からドイツ法制へと変転していく。そして、ドイツの監獄学者であるクルト・フォン・ゼーバッハ（Kurt von Seebach）が、一八八九年に来日し、彼の協力の下、同年、監獄則の全面改正が行われた。また、旧刑法についても、すでに施行の年から批判があり、そのため司法省内部においても改正の議論が生じていた。その結果、大日本帝国憲法がドイツ法系となったこともあって、刑法においても、フランス刑法学ではなく、ドイツ刑法学の影響を強く受けることとなり、一九〇七（明治四〇）年に、現行刑法が制定されたのである。この現行刑法と旧刑法の主な相違点は、第一に、条文数において、旧刑法では全四三〇条であったものが、現行刑法では全二六四条へと縮減され、また、刑の上限と下限の幅を広くすることで、裁判官の裁量権の幅を広げたこと、第二に、刑の執行猶予を認めたこと、第三に、刑事責任年齢を一二歳から一四歳に引き上げたこと等があげられる。全体として、現行刑法は、近代学派の考えを大きく採り入れたものとなったのである。

さらに、翌年の一九〇八（明治四一）年においては、ゼーバッハの理念を引き継いだ、内務省監獄事務官である小河滋次郎が、プロシア内務省監獄則を参考に監獄法を起草し、監獄法が制定されることとなった。当時においては、諸外国においても行刑法が制定されることは少なく、この監獄法の制定は、世界的にみても非常に画期的なことであった。

3　英米法継受の時代：一九四六年から一九八九年

第二次世界大戦後、連合国軍の占領下である一九四六（昭和二一）年に、日本国憲法が制定された。ここに、日本国憲法を基軸とした、英米法継受による「第二次法改革期」が始まるのである。つまり、この第二次法改革期は、明治時代における「政治的近代化」にとどまるものではなく、日本国憲法で謳われた国民主権と基本的人権の尊重による「社会的近代化」を体現したものであった。そして、この戦後の社会的近代化によって実現された刑事政策は極めて画期的なものであり、戦後の社会環境等の改善に加えて、諸々の近代的な刑事政策の総合的施策が功を奏し、わが国は世界で最も安全な国であると称されるようになったのである。

また、一九四八（昭和二三）年には、大正少年法が全面改正され、昭和少年法が制定された。この昭和少年法は、GHQのバーデット・ルイス（Burdett G. Lewis）博士からの提案に基づき作成されたもので、全米プロベーション協会の「標準少年裁判所法」を模範とした、当時アメリカで全盛期にあった「国親《くにおや》思想」（国が親として、親らしい配慮をもって臨むことを少年裁判所に要請する理念）に基づき、保護優先主義の強い影響を受けたものであった。

また、一九四九（昭和二四）年には、犯罪者予防更生法が制定され、更生保護に関する基本法として、恩赦、仮釈放、保護観察及び犯罪予防活動の助長に関する組織、少年及び仮釈放者に対する保護観察制度についての規定が整備された。また、一九五〇（昭和二五）年には、更生緊急保護法と保護司法が制定され、更生緊急保護法により、刑余者等に対する更生緊急保護制度の整備がなされ、保護司法により、犯罪者の改善更生と犯罪の予防のために地域活動を行う民間篤志家である保護司に関する規定がおかれたのである。

一九五五（昭和三〇）年に入ると、わが国の経済は戦前の水準にまで達し、一九五六（昭和三一）年に発行された経済白書においては、「もはや戦後ではない」との宣言がなされている。一九六六（昭和四一）年には、監獄法施行規則の一部改正が行われ、独居拘禁期間の短縮、受刑者の交談禁止の緩和、一般新聞紙の閲読禁止の解除と一定の制限の下での閲読許可、頭髪について「丸刈り」以外の長髪の許可等、受刑者の生活上の改善が行われた。また、一九七二（昭和四七）年には、作業成績や行状によって受刑者を、一級、二級、三級、四級の四段階に分け、四級から順次階級が上がるにつれて優遇と責任を付与していく行刑累進処遇令が改正され、個々の受刑者について科学的な調査を行い、本人に最もふさわしい処遇を行うための受刑者分類規定が制定された。そして、一九七四（昭和四九）年には、仮釈放及び保護観察等に関する規則が制定され、行刑累進処遇令からは仮釈放に関する章が姿を消し、累進処遇制度と仮釈放制度との直接的な関連が断たれ、従来、上級者（一級、二級に該当する者）のみに認められていた優遇措置の多くが、下級者（三級、四級に該当する者）に対しても、個々の受刑者の処遇上の必要性により認められることになったのである。

一九七〇年代に入り、第二次世界大戦後に多くの法令や制度の改正（監獄法施行規則、行刑累進処遇令、その他の訓令・通達の改正等）が行われたものの、基本法である監獄法については改正を行わなかったことに対して議論が生じ、監獄法改正の必要性が主張された。そして、一九七六（昭和五一）年には、「監獄法改正の構想」が発表され、受刑者の社会復帰の促進と、受刑者その他の被収容者の権利・自由の拡大・強化という二本柱が示された。

一九八〇（昭和五五）年には、犯罪被害者等給付金支給法が制定され、わが国においても、故意の犯罪行為により死亡又は重度の身体上の傷害を受けた場合には、その被害者又は遺族に対して、国が給付金を支給する制度が実施されるようになった。

このように、昭和の時代においては、英米法の継受に基づく法改革により、様々な刑事政策上の立法がなされたのである。この一連の改革の理念は、「刑事政策の人道化・科学化・社会化」という言葉で言い表すことができるように思われる。

こうした法改革は、平成の時代においても継承されていくことになるが、平成の時代の法改革は、第一次法改革期のように大陸法継受でもなければ、第二次法改革期のように英米法継受でもなく、大陸法と英米法を一体化したわが国独自の法形成を目指す法改革期であり、これを、「第三次法改革期」と呼ぶことができるであろう。

4　わが国独自の法形成の時代：一九九〇年から現在

一九八九（昭和六四）年一月七日、激動と波乱の昭和の時代が終わり、平成の時代を迎えた。

一九九〇（平成二）年に、「国際連合アジア極東犯罪防止研修所」（略称アジ研）が起草した、「非拘禁措置に関する国連最低基準規則」（いわゆる東京ルールズ）が、ハバナでの第八回国連犯罪防止刑事司法会議において採択された。

東京ルールズは、社会内処遇や非施設化の分野における国際的ガイドラインとして作成されたものであり、公判前段階、公判及び判決段階、判決後の段階において、できる限り非拘禁措置を活用すべきことを求めている。その一方、一般原理において、それぞれの国の政治的・経済的・文化的条件、刑事司法制度の目的、犯罪者及び被害者の権利、公共の安全、犯罪防止の観点等を考慮して非拘禁措置が実施されるべきであるとし、また、非拘禁措置の乱用を防ぐための人権保障の規定をも設けているのである。

一九九五（平成七）年には、阪神・淡路大震災と地下鉄サリン事件が発生し、これを契機として、犯罪被害者の問題やボランティア組織の重要性が再認識され、政府レベルにおいても、犯罪被害者への本格的な対応策が講じられることになった。

一九九六（平成八）年に、警察庁は、被害者対策の基本方針を取りまとめた「被害者対策要綱」を制定した。これに基づき、被害者に対する情報提供、相談・カウンセリング体制の整備、捜査過程における被害者の負担の軽減、被害者の安全の確保、また、警察のほか、検察庁、弁護士会、医師会、臨床心理士会、地方公共団体の担当部局や相談機関からなる被害者支援連絡協議会が、全都道府県レベルで設置されたのである。

さらに、一九九八（平成一〇）年には、警察庁等の支援の下で、全国各地において民間被害者援助組織の設立を推進するための全国被害者支援ネットワークが創設され、このネットワークの活動によって、二〇〇九（平成二一）年七月一日現在、四七都道府県すべてにおいて、民間被害者援助組織が設立されるに至ったのである。

二〇〇〇（平成一二）年には、児童虐待防止法、ストーカー規制法、平成少年法が、また翌年の二〇〇一（平成一三）年には、配偶者暴力防止法が制定されている。このように、二〇〇〇（平成一二）年以降、刑事政策立法が、議員立法という形において相次いで制定された。とりわけ平成少年法は、少年事件の処分等の在り方の見直し、少年審判の事実認定手続の適正化の規定に加え、被害者等の申出による意見の聴取や記録の閲覧及び謄写、被害者等に対する通知等も行われ、少年事件における被害者への配慮の規定がおかれることになった。

また同年「刑事訴訟法及び検察審査会法の一部を改正する法律」（以下、刑事訴訟法等改正法と略称する）と「犯罪被害者等の権利利益の保護を図るための刑事手続に付随する措置に関する法律」（以下、犯罪被害者保護法と略称する）が制定された。この二つを合わせて、「犯罪被害者保護二法」と呼ばれている。

刑事訴訟法等改正法では、まず証人の負担軽減のための措置として、証人尋問の際の証人への付添い、証人の遮蔽《しゃへい》措置、ビデオリンク方式（証人を法廷外の別室に在席させ、その別室と法廷を回線で接続し、テレビモニターを介して証人尋問を行う方式）による証人尋問、ビデオリンク方式による証人尋問の録画等の措置が設けられ、その他、親告罪であるいわゆる性犯罪の告訴期間の撤廃と被害者等による心情その他の意見の陳述等の規定が設けられた。

さらに、犯罪被害者保護法では、被害者の公判手続の傍聴、公判記録の閲覧及び謄写、被告人と被害者との民事上の争いについての刑事訴訟手続における和解（いわゆる刑事和解）の措置等が規定された。

また、二〇〇四（平成一六）年には、「犯罪被害者等基本法」が制定され、本法によって「すべて犯罪被害者等は、個人の尊厳が重んじられ、その尊厳にふさわしい処遇を保障される権利を有する」ことが基本理念として掲げられ、犯罪被害者等の権利利益を図るための総合的な施策を展開すべきことが、国の責務として規定されたのである。

二〇〇五（平成一七）年には、「刑事施設及び受刑者の処遇等に関する法律」が制定され、また二〇〇六（平成一八）年に、「刑事収容施設及び被収容者等の処遇に関する法律」が成立し、約一世紀もの間、被収容者の処遇の基本法として用いられ続けてきた監獄法が廃止されることになった。

二〇〇七（平成一九）年にも、刑事政策立法上の大改革が行われた。すなわち犯罪者予防更生法と執行猶予者保護観察法を整理統合して一本化し、「更生保護法」が制定されたのである。この更生保護法においては、遵守事項の整理・内容の充実化が図られ、また保護観察官と保護司の役割区分の明確化も行われている。さらには、犯罪被害者等基本法を受け、被害者に対する対応策として、意見等聴取制度と心情等伝達制度が導入されている。この更生保護法の制定により、今後二一世紀の更生保護を支える基本法が新たに整備されたこととなり、世界に誇り得る更生保護制度の新たな一〇〇年の門出が、本法により担保されたと言えるであろう。

また、この年は、「犯罪被害者等の権利利益の保護を図るための刑事訴訟法等の一部を改正する法律」が成立したことにより、刑事訴訟法等が一部改正され、被害者参加制度や損害賠償命令制度が創設された。さらには、平成少年法の一部改正が行われ、触法少年の事件についての警察の調査権限の整備、少年院に送致可能な年齢の引き下げ、保護観察に付された少年が遵守事項を遵守しない場合の措置の導入、一定の重大事件を対象とした国選付添人制度の導入がなされた。また同年、収容人員急増への緊急対策と「国民に理解され、支えられる矯正施設」を標榜して、民間のノウハウを活用したPFI刑務所である美祢《みね》社会復帰促進センター、喜連川《きつれがわ》社会復帰促進センター、播磨社会復帰促進センター、翌二〇〇八（平成二〇）年には、島根あさひ社会復帰促進センターの運営が開始されている。PFI刑務所の創設により、過剰収容の緩和もさることながら、民間のアイディアを活用することにより、受刑者の社会復帰プログラムを充実させることが可能となったのである。

また、二〇〇八年には、平成少年法が改正され、被害者等の権利利益の保護をより一層図るために、意見聴取の対象者の範囲の拡充、一定の重大事件の被害者等が少年審判を傍聴することができる制度及び家庭裁判所が被害者等に対して審判の状況を説明する制度の創設、少年事件記録の閲覧・謄写の範囲の拡大がなされた。

このように、平成の時代においては、様々なわが国独自の刑事政策的施策が導入され、とりわけ近年においては、犯罪被害者のための施策が積極的に創設されている。

5　刑事政策の使命

以上において見てきたように、わが国の刑事政策が世界的基準において展開されていることは、この歴史的変遷を見ても明らかであろう。刑事政策を国家の重要な政策と位置づけて、犯罪のない社会に一歩でも近づけていくことが、われわれ刑事政策を専攻する者の使命である。

二〇一二（平成二四）年七月の「犯罪対策閣僚会議」の「再犯防止に向けた総合対策」においては、犯罪者を生まない社会の構築が重要であることを指摘し、そのためには、①個々の対象者の特性に応じた取組の実施、②再犯要因分析に基づく施策の重点実施、③可能な限り具体的な目標設定及びその達成のための仕組みづくりが肝要であることに言及している。そして、刑務所への二年以内の再入率を二〇二一（平成三三）年までに二〇％以上減少させることを数値目標として掲げているのである。

「世界一安全な国、日本」を復活させるために刑事政策をどう展開するか、刑事政策に携わる者に与えられた使命は重大である。

第四章　刑事政策のパラダイムの変遷

1　刑事政策のパラダイム

前章までを通して、明治時代以降の刑事政策の変遷を、大陸法継受の時代、英米法継受の時代、わが国独自の法形成の時代に分けて分析し、それぞれを第一次法改革期、第二次法改革期、第三次法改革期と命名したのであるが、こうした刑事政策の歴史的推移を、年代を追って考察するのではなくて、「刑事政策のパラダイム」（ある時代に支配的な認識の枠組み）の変遷に置き換えて考察するという手法もある。

本章では、わが国の刑事政策の歴史を、**図2**のごとく、応報的司法、社会復帰的司法、修復的司法というパラダイムの変遷に軸足を据えて、考察してみることにしたい。

2　応報的司法パラダイム

一八八〇（明治一三）年から一九四五（昭和二〇）年までの「大陸法継受の時代」は、犯罪者に応報と

図2　刑事政策のパラダイム

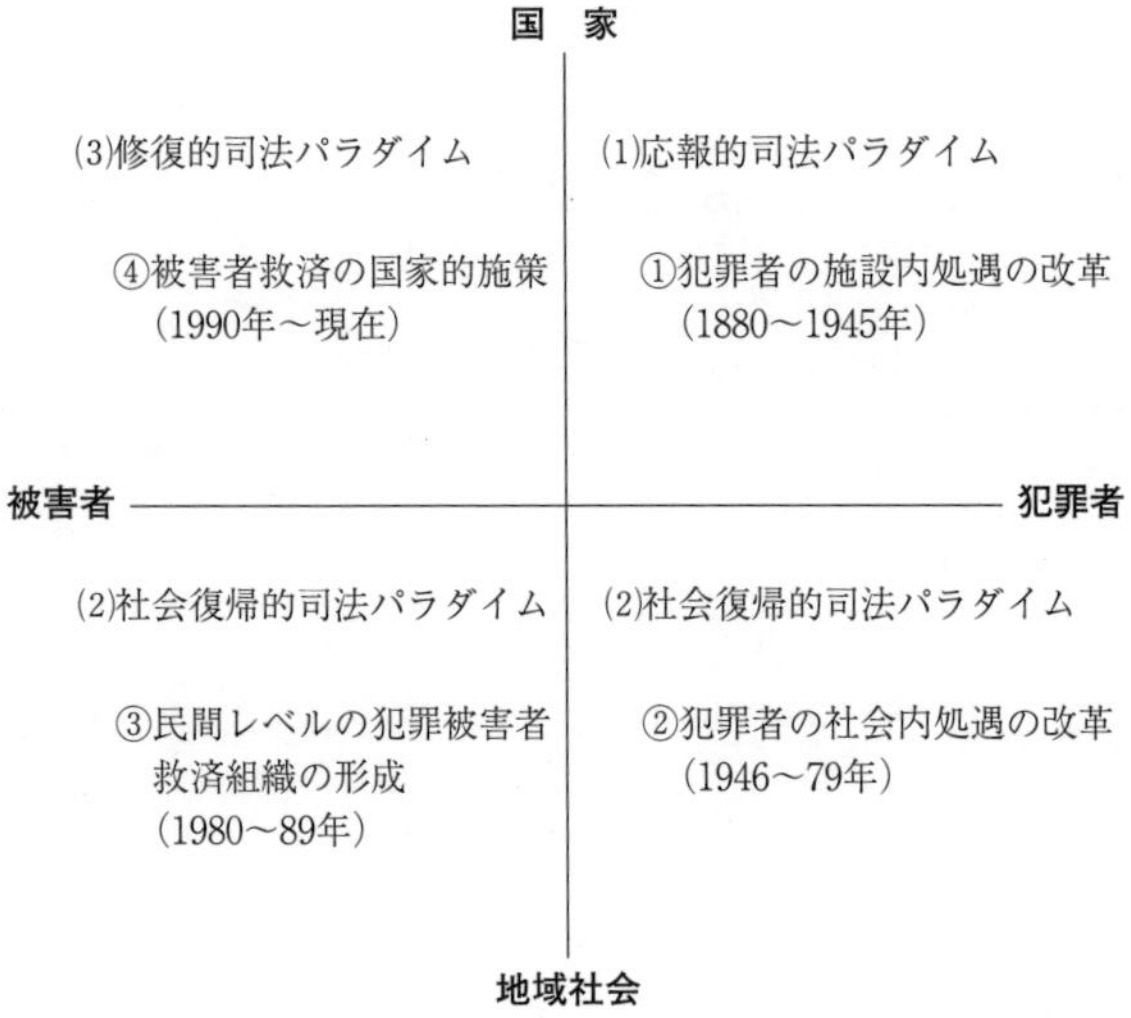

して刑罰を科し、犯罪者を施設内において処遇するという形で刑事政策が展開されていた。その意味において、この時代における刑事政策のパラダイムは、「国家と犯罪者」を対象とした「応報的司法」であった。

ここで言う「応報的司法」とは、ただ単に刑罰の応報的性格のみを強調する司法ではなく、わが国の刑法理論の通説である相対的応報刑論の立場による司法を意味するものである。すなわち、相対的応報刑論は、刑事裁判段階においては応報的性質を認めながらも、行刑の段階においては刑本来の犯罪者の自由を拘束するという応報的性質は背後に退いて、受刑者の改善更生目的が表面に出てくるとされており、その背後に退いた刑罰の応報的性質とは、ここでは、犯罪者の自由を施設内において拘束するということを意味する。

これに対して、刑事政策実務においては、「改善教育」あるいは「社会復帰」を犯罪者処遇の基本理念と考えており、犯罪者処遇にあたっては応報的側面を強調しない。このことが相対的応報刑論と刑事政策実務の異なる点だと言える。とはいえ、この時代の刑事政策実務では、犯罪者の社会復帰は、主に「施設内処遇」を通して考えており、犯罪者の自由を施設内において拘束するという点においては、相対的応報刑論とその態様において一致するものがあったと言えるであろう。

つまり、応報的司法とは、犯罪者の施設内処遇を中心とした対策を意味するものであり、そのために、大陸法継受の時代においては、様々な施設内処遇の改革が試みられたのである。

これらのことから、大陸法継受の時代の刑事政策においては、専ら「国家と犯罪者」の関係に重点がおかれ、国家の刑罰体系を分析・検討し、それを解釈し適用するための論理構成や犯罪者の施設内処遇の改善、受刑者の法的地位の考察、そして、それらを推進するための刑事施設の改革等が提言されたのであり、ここにおける刑事政策の理論的パラダイムは、まさに、「応報的司法」であった。

そうした意味において、この応報的司法は、わが国の刑事政策における犯罪者処遇のモデルの基礎を形成したという点において重要な意義を有しており、この応報的司法のパラダイムこそが、わが国における刑事政策の最初のパラダイムであったとも言えるのである。

3　社会復帰的司法パラダイム

一九四六（昭和二一）年から一九八九（平成一）年に至るまでの「英米法継受の時代」においては、「施設内処遇から社会内処遇へ」という犯罪者処遇の世界的な潮流を受けて、わが国においても、犯罪者の「社会内処遇」を中心とした制度改革が行われた時期であり、この時代における刑事政策のパラダイムは、

「社会復帰的司法」を中核とするものであったと言える。つまり、この「社会復帰的司法」は、「地域社会と犯罪者」、あるいは「地域社会と被害者」の関係を中心としたパラダイムであったと言えるであろう。

この社会復帰的司法のパラダイムは、戦後の英米法導入の影響によるところが大きいことは確かではあるが、そもそもこの社会復帰的司法パラダイムは、その土台に応報的司法のパラダイムがあったからこそ、形成可能であったとも言える。つまり、大陸法継受の時代の応報的司法パラダイムにおいて、施設内処遇に関心が集中したことにより、矯正と保護との連携が重視され、矯正段階のなるべく早い時期において犯罪者を社会に復帰させるというダイバージョン（刑事〔少年〕司法制度回避手段を総称し、司法手続の通常の流れから外れること、あるいはこれを変えることをいう）の諸方策が生み出されるに至り、英米法継受による社会復帰的司法パラダイムの受容も比較的スムースに成し遂げられたのである。

しかしながら、この英米法継受の時代において注目すべきことは、「地域社会と犯罪者」の関係性は、次第に「地域社会と被害者」の関係性へと、その関心の対象が移行しているということである。

それでは、この地域社会と被害者の関係性は、犯罪者の社会内処遇にどのような影響を与えたのであろうか。

この点に関しては、アメリカでは、すでに、被害弁償プログラムや被害者・加害者和解プログラムといったような、犯罪者の社会内処遇プログラムと被害者プログラムを合体した諸施策が展開されていた。被害弁償プログラムは、犯罪被害を受けた個人や組織体に対して金銭的賠償を行うことによって刑罰を回避するプログラムで、これはアメリカでは、刑事司法システムの各段階において広く用いられている。

被害者・加害者和解プログラムは、もともとカナダに起源を有するもので、受刑者・コミュニティ協力事業団とメノー派教会との協力によって生まれたものであり、紛争解決の手段と被害弁償を結びつけた簡略な手続である。この被害者・加害者和解プログラムは、プログラム参加に同意した被害者と加害者が直接に面談を行い、この面談で被害事実と相互の感情が聴取され、被害弁償の合意が形成されるものであり、アメリカの各州において数多くのプログラムが実施されている。

こうした諸点から考えた場合、わが国における英米法継受の時代は、犯罪者の社会内処遇に焦点をあてた社会復帰的司法パラダイムが展開された時期であると同時に、被害者救済の必要性の萌芽が見られた大切な時期でもある。一九八五年の国連の「犯罪被害者に関する司法の基本原則宣言」を契機として、わが国の刑事政策のパラダイムは、「社会復帰的司法パラダイム」から次の「修復的司法パラダイム」へと移行することになるのである。

4　修復的司法パラダイム

一九九〇年代、とりわけ一九九五（平成七）年になると、阪神・淡路大震災や地下鉄サリン事件の発生を契機として、被害者救済に関して国家的施策の必要性が提唱されるようになり、一九九六（平成八）年には被害者対策要綱が制定され、一九九九（平成一一）年には犯罪捜査規範の改正、検察庁における被害者等通知制度、被害者支援員制度が実施された。さらには、二〇〇四（平成一六）年においては、犯罪被害者等基本法が制定されたことにより、二〇〇七（平成一九）年の犯罪被害者等の権利利益の保護を図るための刑事訴訟法等の一部改正、二〇〇八（平成二〇）年の平成少年法改正をはじめとする、数々の刑事司法段階における犯罪被害者保護の施策が展開されるに至った。つまり、一九九五（平成七）年以降の刑事政策は、「国家と被害者」の関係に焦点をあてて、諸施策が展開されていると言えるのである。このような被害者に視点をあわせた国家的施策の展開は、今後においても求められるであろうし、刑事政策において、被害者問題を論じることの重要性はますます高まると思われる。

しかしながら、今後、わが国の刑事政策は、「国家と被害者」の関係からさらに進んで、新たな刑事政策のパラダイムへと進んでいくのではないかと予測される。つまり、今後、被害者は、新たな救済形態を求め、加害者との直接的な対話による救済方式を希望するかもしれず、また、国家と被害者との関係のみに着目した救済形態ではなく、国家、地域社会、被害者、加害者の四者関係を包摂した広範囲にわたる関係修復を試みることを、被害者は選択するかもしれない。すなわち、ここに、刑事政策における新たなパラダイムとして、「修復的司法パラダイム」が、わが国において展開されていくのではないかと推測される。

修復的司法は、一般的に言えば、犯罪被害者の地位・役割を向上させ、被害者本人や害を被った地域社会に対して直接弁明する責任を課することに焦点をあわせたものであり、被害者と加害者の直接的な対話や、加害者による被害弁償等に代表されるごとく、より安全な地域社会の創造に向けて、地域社会の積極的参加の重要性を強調するものである。すなわち、修復的司法は、ミクロ・レベルにおいては、犯罪遂行時に発生する加害について、被害者への賠償を第一に優先させて考え、そして、マクロ・レベルにおいては、より安全な地域社会を構築するという必要性を考えることによって、犯罪への対応を模索する。そのためには、政府あるいは刑事司法が法秩序維持の責任を負い、地域社会が平和の修復・維持の責任を負うことによって、政府と地域社会が協働的・相補的役割を果たさなければならないということを意味する。

そのような修復的司法を構築するためには、一般的に三つの基本的命題が必要不可欠であるとされている。

第一の命題は、応報的司法が当事者主義的手続を通じて有罪を認定し、適切な処罰を科することに焦点をあわせることで、国家と加害者の関係を中心にしている一方で、修復的司法は国家、地域社会、被害者、加害者という、より広範な関係に関心を示している。つまり、犯罪を単なる法規範以上のものと考え、犯罪によって影響を受ける四つの関係当事者である国家、地域社会、被害者、そして加害者に対する侵害でもあると捉えるのである。

第二の命題は、修復的司法は、刑事司法のプロセスが、これらの損害の修復を支援するべきであるとしており、ここにおいては、修復的司法は古代の司法へと考え方が逆戻りしているとも言える。実際に、修復的司法の概念は、ニュージーランドの先住民マオリ族やオーストラリアの先住民アボリジニーの間で行われていたものに起源を持つと言われている。また、西サモアの伝統的な司法やアイルランドのケルト民族のブリーホン法にもその淵源があるとされている。すなわち、近代裁判権においては刑事法と民事法は分離していたために、被害者に対する損害修復は刑事裁判においてではなく、民事裁判へと対応を委ねてきたのであるが、修復的司法は、民事責任を刑事責任と同時に問うという意味において、刑事責任と民事責任が未分化であった時代の司法に逆戻りしているのではないかというのである。

第三の命題は、修復的司法は、被害者、加害者、地域社会ができるだけ早い段階から、かつ可能な限り広い範囲において事件に関与することを要求する。このことは、秩序の基本的な枠組みを維持する責任のある政府と、地域社会の平和と調和を修復する責任のある他の関係当事者との協力的な関係が必要であるとされている。すなわち、修復的司法における政府の任務は、地域社会の再建を促進するように、または少なくともその妨げとならないように機能することにある。

このように、修復的司法は、犯罪によって生じた損害の回復と将来的に損害の発生する可能性を減少させることに焦点をあてるものである。そして、修復的司法は、それを、①加害者が、自分の行動及び自分が原因となった損害に対して責任を取るように仕向けること、②被害者への救済を準備すること、③地域社会内部での被害者と加害者の再統合を促進すること等によって行うのであり、そしてこのことは、地域社会と政府の協働的な努力を通じてなされる。修復的司法は、多くの方法において、現行の刑事司法的慣行とは異なるものであり、まさに新しい刑事政策理論であると言えるであろう。

5　応報的司法から社会復帰的司法へ、そして修復的司法へ

わが国でも徐々にではあるが、修復的司法の実践が試みられていることから考えて、刑事政策のパラダイムは、着実に、「応報的司法」から「社会復帰的司法」へ、そして「修復的司法」へと転換しつつあるのではないかと思われる。まさに、わが国も、新しい刑事司法制度の未来を展望しつつあるのではないかと推察される。

元来、わが国の文化においては、その底流において「和をもって尊しとなす」という精神文化が存在するのであり、わが国の文化は、修復的司法の哲学と適合する基盤を持つものと考えることができる。そして、犯罪を行うことが、犯罪者個人の恥であるばかりでなく、家族、職場、地域社会の恥でもあると考える、わが国の「恥の思想」が、オーストラリアの犯罪学者ブレイスウェイト（John Braithwaite）教授の修復的司法を支える「恥の理論」に影響を与えたことから考えても、わが国における修復的司法

のパラダイムの受容可能性はかなり高いものがあると言えるのではなかろうか。

6　わが国の刑事政策の未来像

それでは、修復的司法がわが国の刑事政策の未来像として発展していくためには、どのような修復的司法の構造形態を採用すべきなのであろうか。

わが国における修復的司法の実践を見る限りにおいては、様々な刑事司法段階における試みがなされており、それを実施し仲介する機関も、国家機関であったり、非国家機関であったり、様々な状況にある。

この点につき、修復的司法は、国家、地域社会、被害者、加害者の四者の関係とし、四者それぞれの損害を修復するプログラムであるという定義に鑑みると、仲介者が国家機関である修復的司法プログラムと、非国家機関である修復的司法プログラムの双方を実現することで、バランスの取れた修復的司法プログラムが展開されるのではないかと考えられる。

具体的には、警察段階における少年対話会、少年審判や少年院での被害者と加害者の対話のように、警察段階、裁判段階、矯正段階における修復的司法を標榜することで、国家、被害者、加害者の三者関係を修復するプログラムを展開し、その一方で、保護段階や国家機関が担い手となれなかった事案についての修復的司法を、ＮＰＯ法人等の非国家機関が実施することで、地域社会、被害者、加害者の三者関係を修復するプログラムを展開することが可能となるであろう。

この点、現在、わが国での非国家機関によって行われている修復的司法は、ＮＰＯ法人や弁護士会に限定されている。将来的には、多様な非国家機関が修復的司法プログラムに関与することによって、国家機関が行う修復的司法との連携を図る必要性があろう。

いわば、国家機関が行う修復的司法プログラムと、非国家機関が行う修復的司法プログラムとを相互関係的に連動させることによって、国家、地域社会、被害者、加害者の四者関係を修復することを可能とする、より広範な実りある刑事政策が展開されるであろうと思われるのである。

第Ⅱ部　再犯防止に向けた制度と仕組み

第五章　刑の一部の執行猶予制度

——再犯防止のための執行猶予とは——

1　法案提出の経緯

懲役刑や禁錮刑の一部を執行した後に残りの刑期を猶予する「刑の一部の執行猶予制度」の創設を盛り込んだ改正刑法が、二〇一三（平成二五）年六月一三日、衆議院本会議において、全会一致で可決、成立した。二〇一一（平成二三）年一一月二九日、「刑法等の一部を改正する法律案及び薬物使用等の罪を犯した者に対する刑の一部の執行猶予に関する法律案」について、参考人として意見陳述をするために、参議院法務委員会に出席した者としては、やっと成立したかという思いである。

この法律案は、二〇一〇（平成二二）年の法制審議会の答申を受けて策定されたものであり、法制審議会では、「被収容人員適正化方策に関する部会」が設けられ、「社会奉仕を義務付ける制度の導入の可否」や「その他の社会内処遇及び中間処遇の在り方」等について、幅広い議論が行われた。その結果、刑の一部の執行猶予の言渡しを可能とする制度案及び保護観察の特別遵守事項の類型に社会貢献活動を加える制度案について、大方の意見の一致が見られ、二〇一〇年二月二四日、法務大臣に答申がなされたのである。

2　法案の提案理由

「刑法等の一部を改正する法律案」の提案理由は以下のごとくである。

「近年、犯罪者の再犯防止が重要な課題となっていることに鑑み、犯罪者が再び犯罪をすることを防ぐため、前に禁錮以上の実刑に処せられたことがない者等について、刑の一部の執行を猶予することを可能とする制度を導入するとともに、保護観察等の充実強化を図るため、地域社会の利益の増進に寄与する社会的活動を行うことを保護観察の特別遵守事項に加えること、規制薬物等に対する依存がある者に対する保護観察の特則を定めることその他所要の規定を整備する必要がある。これが、この法律案を提出する理由である」。

この提案理由からわかる通り、いわゆる「初入者」、すなわち、前に禁錮以上の刑に処せられたことがない者、あるいは刑務所に服役したことがあっても出所後五年以上経過した者が、三年以下の懲役又は禁錮の言渡しを受けた場合において、犯情の軽重及び犯人の境遇その他の情状を考慮して、再び犯罪をすることを防ぐために必要であり、かつ、相当であると認められるときは、一年以上五年以下の期間、その刑の一部の執行を猶予することができる（刑法第二七条の二第一項）とするのが、ここで問題となっている刑の一部の執行猶予制度である。

具体的には、例えば、被告人が「懲役二年、うち六か月を二年間保護観察付きの執行猶予に処す」という判決を受けた場合、まず、一年六か月間、懲役刑が執行され、その後、残りの六か月の懲役刑の執

図3　刑法等の一部を改正する法律及び薬物使用等の罪を犯した者に対する刑の一部の執行猶予に関する法律の概要（法務省保護局）

刑の一部の執行猶予制度の創設

現行制度

刑期全部の実刑 又 は刑期全部の執行猶予の選択肢のみ（中間的な刑罰の欠如）
短期の実刑の場合、十分な仮釈放期間を取ることは困難

⇩

刑の一部の執行猶予制度

◎判決により、3年以下の懲役・禁錮の一部の執行を猶予
◎実刑の執行後、執行猶予期間中に社会内でも犯罪を犯すことなく生活するよう促す

例）懲役2年、うち懲役6か月につき2年間保護観察付き執行猶予

1年6か月　実刑部分の刑
6か月　猶予部分の刑
2年　保護観察付きの執行猶予期間

施設内処遇　＋　社会内処遇（保護観察）

社会貢献活動

趣旨

保護観察対象者に、社会貢献活動を義務付けて行わせることにより、その改善更生・再犯防止を図る

活動

◎地域社会の利益の増進に寄与する社会的活動
例）公共の場所での環境美化活動、福祉施設での介護補助活動

ねらい

◎善良な社会の一員としての意識のかん養
◎規範意識の向上

刑法の改正

◎対象者…前に禁錮以上の実刑に処せられたことがない初入者等
◎要件…一部執行猶予の言渡しが、再犯防止のために必要であり、かつ、相当であると認められること
◎保護観察…猶予期間中、保護観察に付することができる

薬物使用等の罪を犯した者に対する刑の一部の執行猶予に関する法律（薬物法）

◎対象者…薬物使用等の罪を犯した者で、刑法による刑の一部執　行猶予の対象者以外のもの
◎要件…一部執行猶予の言渡しが、規制薬物等に対する依存を改善することにより再犯を防止するために必要であり、かつ相当であると認められること
◎保護観察…猶予期間中、必要的に保護観察に付する

更生保護法の改正

◎保護観察付一部猶予者に対する特別遵守事項の設定手続等の整備
◎保護観察付一部猶予者の住居の特定手続の新設
◎地方更生保護委員会が生活環境の調整に関与するための規定の整備
・保護観察所に対する指導・助言、必要な調査等を実施
◎規制薬物等に対する依存がある保護観察対象者に関する特則の新設
・薬物依存改善に資する医療・援助を行う機関等との緊密な連携を確保しつつ保護観察を実施すべきことを規定
・薬物依存改善に資する医療や、薬物依存改善のプログラム（専門的援助）を受けることの指示を可能に
◎薬物法による保護観察付一部猶予者につき、特別遵守事項の特則を規定

〈制度創設に伴う以下の課題に対応するための法整備〉
✓ 保護観察への円滑な移行
✓ 実刑期間満了後の帰住先の適切かつ迅速な確保
✓ 保護観察における薬物依存者の増加

◎特別遵守事項の類型に社会貢献活動を追加

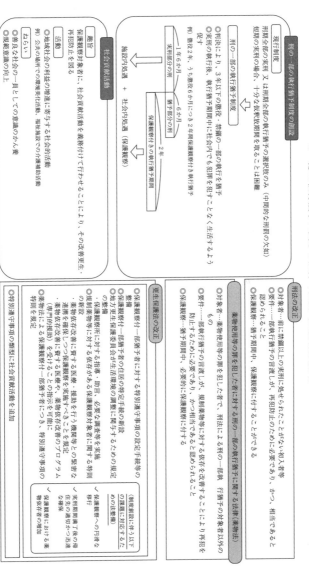

行が二年間保護観察付きで猶予される、ということになる（図3参照）。

これまでの制度では、懲役刑又は禁錮刑に処する場合、その刑期全部を実刑とするか、それとも刑期全部を執行猶予とするかの選択肢しかなかった。今回の改正で裁判官は、第三の選択肢を獲得したことになるのである。

今更言うまでもないことであるが、犯罪者処遇においては、まず一定期間の施設内処遇を行った上で、その処遇による改善更生の効果を維持・強化できるように、引き続き、相応の期間の社会内処遇を行うことが、その者の再犯防止・改善更生のためには、より有用である。

確かに、これまでの制度においても、刑期全部が実刑の場合、施設内処遇と社会内処遇を連携させる制度として仮釈放の制度がある。しかしながら、仮釈放制度によって可能となる社会内処遇の期間は、いわゆる残刑期間に限られており、そのため、特に、比較的軽微な事案である場合には、全体としての刑期が短いため、保護観察の期間が充分に確保できない場合が多いということは、かねてより指摘されていたところである。数か月しか保護観察に付されない場合、受刑者は、極端な場合には、あと少しやり過ごせば保護観察が取れて完全に自由の身になれると考え、更生の努力をしなかったり、そうでなくても、仮釈放後の社会内処遇が短期であって、更生が不充分なままで満期を迎えてしまうことになると、悪い仲間が再び接近してくる、再び生活が乱れる等、色々な誘惑に負け、その結果、再犯に及ぶということは、想像に難くない。

このような観点から、裁判所が、刑期の一部を実刑にするとともに、その残りの刑期を、その期間に限定されず、相応の期間を執行猶予とする判決を言い渡すことを可能とする「刑の一部の執行猶予制度」が導入されたのである。

このように、刑の一部の執行猶予制度は、一定期間の施設内処遇に引き続いて相応の期間の社会内処遇を実施することが再犯防止・改善更生に必要かつ有用な者に対し、その刑事責任を果たさせつつ、施設内処遇と社会内処遇を連携させて再犯防止・改善更生をよりよく実現することを趣旨としている。したがって、刑の一部の執行猶予制度は、刑事責任の重さや再犯防止の必要性等の裁判時までに明らかとなった被告人の実情等から、必要かつ相当と考えられるときに、裁判所の判断により、刑の一部の執行を猶予し、施設内処遇と社会内処遇の連携を可能とするという意味で、刑事政策上の意義があるのである。

もちろん、刑の一部の執行が猶予された者についても、仮釈放制度を適応することが可能であり、刑の一部の執行猶予制度と併せて仮釈放制度を活用することにより、各対象者の実情に応じた、よりきめ細かな処遇が可能となることを考えると、本制度の導入により、より一層の再犯防止・改善更生の促進を図ることが期待できるであろう。

3　再犯防止の重要性

再犯防止はわが国の刑事政策上の喫緊の課題であるが、公表されている再犯のデータによっても、いったん刑務所に収容された人が再犯に及ぶ状況がかなり深刻であることがわかる。

『二〇一一（平成二三）年版犯罪白書』には、二〇〇六（平成一八）年に出所した受刑者で再び刑務所に戻ってきた者のうち、どの程度の割合の者が、どの程度の期間で再び刑務所に入所しているかを見たデータがある。

仮釈放を許可されて出所した者を見ても、累積で、二年以内に再入所する者が一一・五％、三年以内の者が二〇・六％、四年以内が二六・一％、五年以内が三〇・〇％いる。満期釈放によって出所した者については、より深刻で、二年以内に再入所した者が三一・三％、三年以内が四二・八％、四年以内が四九・四％、五年以内が五三・四％にもなっているのである。

ちなみに、二〇〇一（平成一三）年に出所した者で一〇年以内に再入所した者の割合は、累積で、仮釈放許可を受けた者で四二・八％、満期釈放であった者で六三・三％となっているのに対し、五年以内に再び入所した者の割合は、それぞれ、三五・一％、五六・五％となっており、出所後五年の間に、相当の割合の者が、刑務所に再び入っている（図4）。

つまり、犯罪者の再犯防止と改善更生のためには、この期間の指導なり援助なりが特に重要であると言っても過言ではないのである。

刑の一部の執行猶予制度がスタートすれば、いわば実刑判決と刑の執行猶予判決を組み合わせることが可能となるわけで、施設内処遇が行われた後、刑の一部の執行が猶予される期間、つまり、最長五年までは社会内処遇の期間が続くことになる。施設内処遇の後の社会内処遇の期間が不充分であるという問題は、これでかなり解消できるのではないかと思う。

4　法制審議会諮問との関係

なお、この法案のきっかけとなった法制審議会が始まった当時は、過剰収容の問題が喫緊の問題であったのに対し、現在では当時に比べればやや落ち着いていることから、この法案は必要ないのではない

図 4　出所受刑者の出所事由別累積再入率

①5 年内　（平成 18 年）

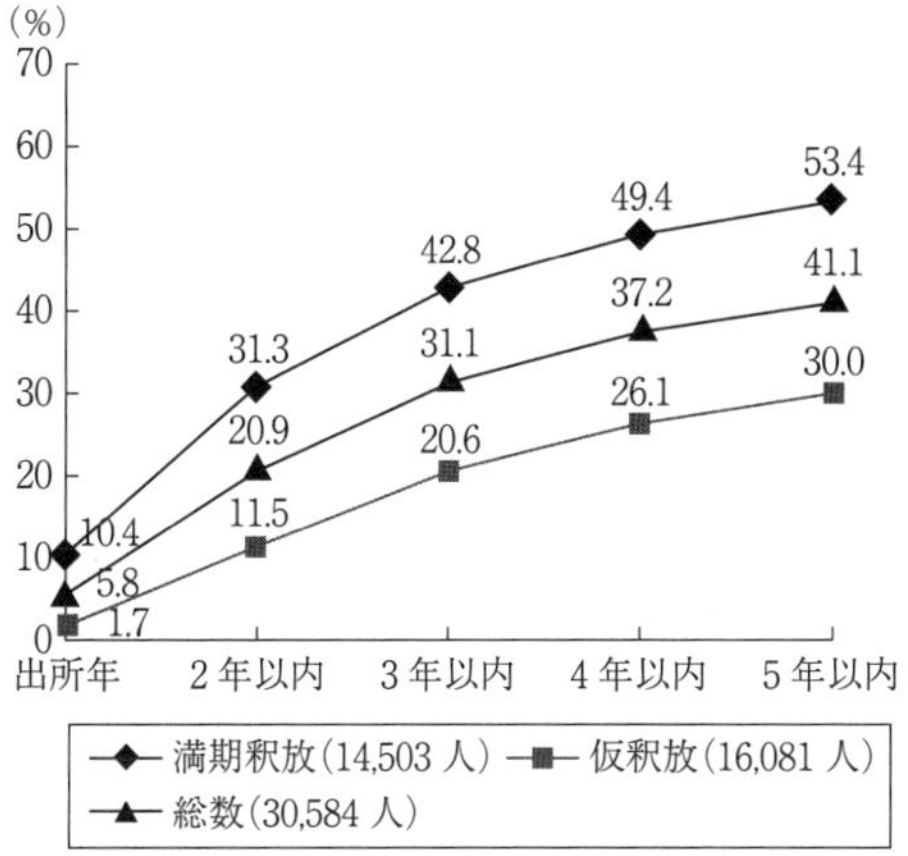

②10 年内　（平成 13 年）

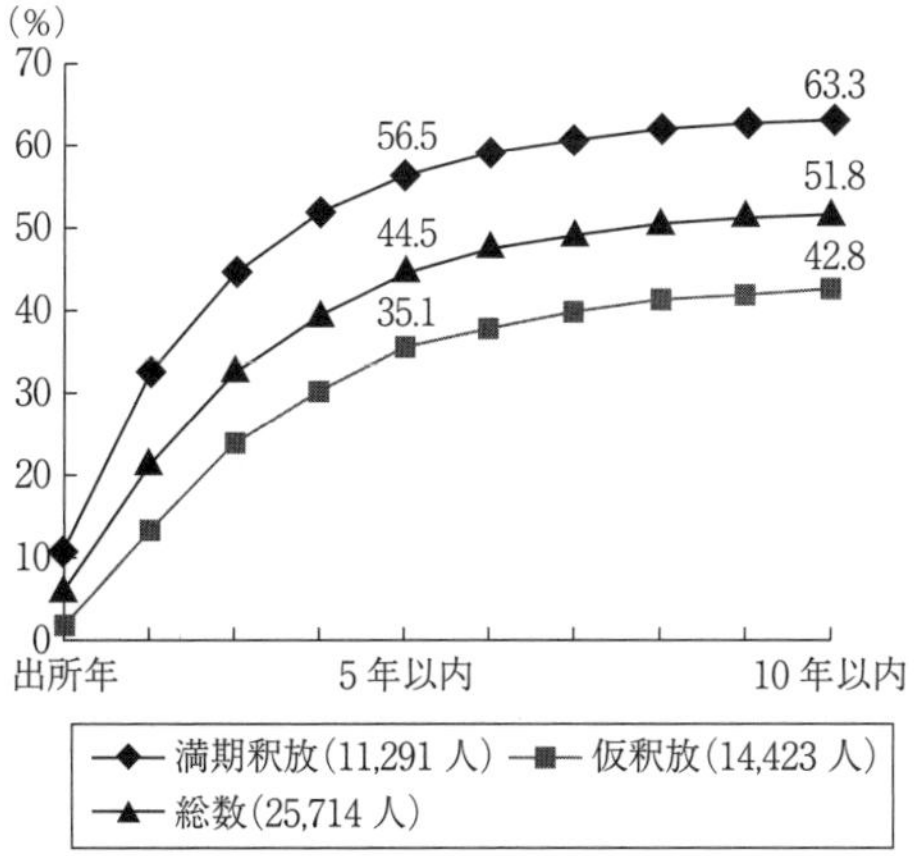

（注）　1：法務省大臣官房司法法制部の資料による。
2：前刑出所後の犯罪により再入所した者で、かつ、前刑出所事由が満期釈放又は仮釈放の者を計上している。
3：「累積再入率」は、①では平成 18 年の出所受刑者の人員に占める同年から 22 年までの各年の年末までに再入所した者の累積人員の比率を、②では 13 年の出所受刑者の人員に占める同年から 22 年までの各年の年末までに再入所した者の累積人員の比率をいう。

（出所）　法務省「2011（平成 23）年版犯罪白書」2011 年，168 頁。

かという声もあったようである。

しかしながら、刑務所の収容状況は、なお予断を許さない状況にあり、この問題は、微罪処分、起訴猶予、執行猶予等の刑事司法制度の入り口における対策のみならず、出口対策として、刑務所への再入を防ぐという意味での再犯防止対策を講じなければ、根本的な解決にはならないと筆者は思う。

また、再犯防止は、施設収容の問題のみならず、大きく社会秩序や国民生活の安全の問題に直結する重大な課題である。この点、刑の一部の執行猶予制度の導入によって、従来できなかった犯罪者の改善更生・社会復帰を図るために、充分な期間の確保ができ、有効な社会内処遇が可能になるわけあるから、その持つ意義は大きいと言えよう。

改めて当時の法制審議会への諮問内容を見ると、「被収容人員の適正化を図るとともに、犯罪者の再犯防止及び社会復帰を促進するという観点から、社会奉仕を義務付ける制度の導入の当否、中間処遇の在り方及び保釈の在り方など刑事施設に収容しないで行う処遇等の在り方等について御意見を承りたい」とされている。つまり、ここでは、被収容人員を減らすとだけ言っていたわけではなく、犯罪者の再犯防止という、より根本的な問題解決のための方策が求められていたのであって、むしろ、刑の一部の執行猶予制度の導入は、諮問の内容に応えるものであると言える。

5　「薬物法」と保護観察の充実強化

もちろん、これは言うまでもないことであるが、刑の一部の執行猶予制度を導入することにより、再犯防止・改善更生の実を上げるためには、保護観察の充実強化を図ることが不可欠である。この点、更生保護法が二〇〇八（平成二〇）年六月に施行され、現在、様々な取組がなされているところであるが、今回の刑の一部の執行猶予制度では、更生保護法の改正により、特に薬物事犯者に対する保護観察の特則が設けられた。

その一つは、「薬物使用等の罪を犯した者に対する刑の一部の執行猶予に関する法律」（以下、「薬物法」と略称する）の対象者、すなわち、服役歴のある累犯者については、原則として、規制薬物等の使用を反復する犯罪的傾向を改善するための専門的処遇を受けることを、特別遵守事項として義務づけることとしたのである。

「薬物法」の提案理由は以下のごとくである。

「近年、薬物使用等の罪を犯した者の再犯防止が重要な課題となっていることに鑑み、刑事施設における処遇に引き続き保護観察処遇を実施することにより、薬物使用等の罪を犯した者が再び犯罪をすることを防ぐため、これらの者に対する刑の一部の執行猶予に関し、その言渡しをすることができる者の範囲及び猶予の期間中の保護観察等について刑法の特則を定める必要がある。これが、この法律案を提出する理由である。」

従来も、更生保護法の施行とともに、覚せい剤事犯者に対する専門的処遇プログラムが実施されているが、「薬物法」の立法趣旨を踏まえると、その対象者に対して、こうした専門的処遇を確実に受けさせることは、保護観察の処遇の実効性を高めるために必要であると思われる。

もう一点、「薬物法」の対象者に限らず、規制薬物等に対する依存がある対象者については、その改善に資する医療・援助を行う病院、公共の衛生福祉に関する機関等との連携を確保しつつ、医療や専門的援助を受けることについて必要な指示をすることができるようになっている。

薬物依存を改善するためには、刑事司法機関だけでの働きかけでは不充分であり、医療・保健・福祉機関等との緊密な連携が不可欠であることを考えると、このような処遇の枠組みが整備されることで、薬物依存からの回復を図り、再犯に至らせないという効果を期待することができるものと思われる。

6　特別遵守事項としての社会貢献活動

さらに、今回の更生保護法の改正において、保護観察の特別遵守事項の類型に、社会貢献活動を加えることが認められた。

社会貢献活動の導入に関して、法制審議会においては、社会貢献活動の法的性格について、独立の刑罰として位置づけることや、短期自由刑の代替として位置づけること、保護観察の遵守事項として位置づけることなど様々な議論がなされた上で、わが国の法制度に最もなじみやすいという観点から、保護観察の遵守事項として社会貢献活動を位置づけたのである。

保護観察対象者に善良な社会の一員としての意識を涵養し、規範意識を向上させる上で、社会貢献活動を義務づけることの意義は大きいと思う。その円滑な実施のためには、活動場所の確保をはじめ体制づくりが重要になるが、保護観察所では、これまで、主として少年の保護観察対象者に対して社会参加活動を実施し、一定の効果をあげてきているので、そうした実績等も踏まえ、制度施行までの間に充分な実施体制が作られることを期待したいと思う。

筆者は、刑事司法制度において、その最終段階に位置する更生保護制度の担い手である保護司制度は、わが国が諸外国に誇り得るものの一つと確信している。今回の法改正において、刑の一部の執行猶予制度や社会貢献活動が導入されることになれば、更生保護の現場、特に保護司に負担がかかることが予想される。

官民協働による更生保護制度がその効果を充分に発揮するためにも、新たな制度の導入にあたっては、適正な予算配分と人材配置を行った上で実施されることが重要である。この点の配慮なくしては、制度運用に支障をきたすのではないかと思う。

7　今後の期待

今更言うまでもないことであるが、再犯防止のための施策は一つではない。刑の一部の執行猶予制度は、その実施直後から直ちに目に見えてその効果が実証されるというものではないかもしれない。むしろ、事柄の性質上、長期的に見たときに、徐々に結果が見えてくるものであることは当然のことかとも思う。筆者も、刑事政策の研究者の一人として、刑の一部の執行猶予制度の導入の成果を注意深く見守っていきたいと思う。

第六章　再犯防止のための更生保護の役割

1　再犯防止策の重要性

現在のわが国の刑事政策における喫緊の課題は再犯防止にある。『二〇〇七（平成一九）年版犯罪白書』によると、一九四八（昭和二三）年以降の犯歴一〇〇万人（犯歴件数は一六八万四九五件）を対象とした調査の結果、総犯歴数別の「人員構成比」では、初犯者が七一・一%を占め、繰り返し犯罪をする再犯者が二八・九%にとどまるのに対して、「件数構成比」では、再犯者による犯歴の件数が五七・七%を占めており、このことは約三割の再犯者によって、約六割の犯罪が行われているという事実を示している（図5）。このようなデータからすれば、犯罪者処遇における再犯防止が重要な意味を持つことは言うまでもない。政府もこの点を意識して、二〇一〇（平成二二）年一二月、犯罪対策閣僚会議の下に「再犯防止対策ワーキングチーム」を設置し、省庁横断的な検討を進め、二〇一一（平成二三）年七月、短期的に取り組むべき施策として「刑務所出所者等の再犯防止に向けた当面の取組」を策定し、現在、これに沿って、関係省庁が連携して施策を展開しているところである。

図5　総犯歴数別人員・犯歴の件数構成比

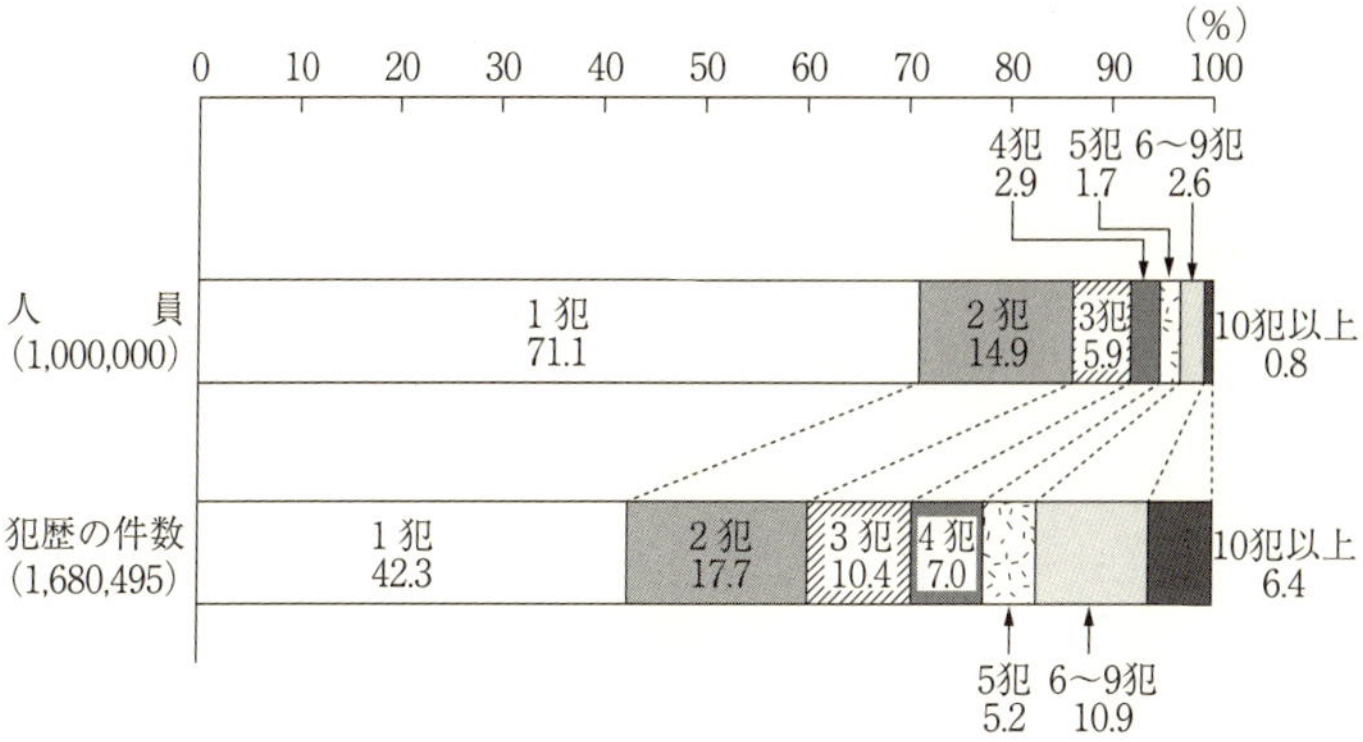

（注）法務総合研究所の調査による。
（出所）法務省「2007（平成19）年版犯罪白書」2007年，222頁。

改めて言うまでもなく、刑務所出所者等の再犯を効果的に防止するためには、長期にわたり広範な取組を社会全体の理解の下で継続することが肝要であるが、以下においては、特に、更生保護の分野を中心として、犯罪者処遇における再犯防止について考えてみることにしたいと思う。

2　再犯防止のための緊急的対策

再犯防止の緊急性が認識されるようになったのは、連続して発生した再犯事件である。二〇〇四（平成一六）年一一月一七日に、「前科者による再犯事件」である「奈良女児誘拐殺害事件」が発生した。この事件は、奈良県生駒郡内において、下校途中の小学校一年生の女児が誘拐され、殺害されたものである。犯人は、児童を対象とするわいせつ事犯で二度にわたる保護観察歴を持つ者であったのに、なぜ保護観察において幼児に対する暴力的な性愛癖を改善することができなかったかが問われ、世間の耳目を集めた。

次いで、二〇〇五（平成一七）年二月四日には、「仮釈放者による再犯事件」である「愛知県安城市幼児通り魔事件」が発生している。この事件は、愛知県安城市のスーパーマーケットにおいて、生後一一か月の乳児が家族の目の前で殺害された事件である。犯人は、刑務所から仮釈放後九日目に再犯を行っていることから、仮釈放の当否や保護観察中に所在不明となった者への対応が問題となった。

さらに、二〇〇五年五月一一日には、「執行猶予者による再犯事件」である「連続女性監禁事件」が発生している。この事件は、青森県と東京都内において、調教ゲームを模倣して、若い女性を連続的に自宅等に監禁し、傷害を負わせる等していたものであり、犯人は同種事案により執行猶予の判決を受け、保護観察中であったが、保護観察所間の連絡ミス等によって、約二か月間所在不明のまま放置されていたことが問題となり、保護観察の実効性に疑問が呈せられた事件であった。

これらの事件を契機として、二〇〇五年二月に、法務省は「再犯防止のための緊急的対策」を発表し、以下のような再犯防止対策を提示したのである。

第一に、奈良女児誘拐殺害事件を契機として、重大な性犯罪者に対する科学的・体系的な再犯防止プログラムを策定することが喫緊の課題となったため、法務省矯正局及び保護局は、二〇〇五年四月に「性犯罪者処遇プログラム研究会」を立ち上げた。筆者もこの研究会のメンバーとして参画し、種々の検討を重ねてきたが、その結果、二〇〇六（平成一八）年から認知行動療法を基礎とした性犯罪者処遇プログラムが二〇庁の矯正施設と五〇庁の保護観察所で開始されることになり、矯正と保護が連携して性犯罪者に効果的な処遇を提供することができるようになった（詳しくは第十一章参照）。

第二に、愛知県安城市幼児通り魔事件が、保護観察中に所在不明となったことから発生したことに鑑み、所在不明者対策として、二〇〇五年三月に、地方更生保護委員会においては、仮釈放準備調査等の際、受刑者の釈放後の立ち回り見込み先の情報収集等を行うこと、また保護観察所においては、仮釈放者の顔写真を仮釈放時に撮影することとした。また、同年一二月からは、所在不明となった仮釈放者等については、あらかじめ裁判官から「引致状」の発布を受けておき、警察官が職務質問等の警察活動の中で所在不明者を発見した場合には、保護観察所へ連絡を取り、保護観察所が当該対象者を引致し、身柄を確保する制度が開始された。さらに、二〇〇六年からは、全国の警察からの連絡を受けるために、東京保護観察所に対応窓口を設置し、夜間・休日にも連絡に対応できるような体制を整備したのである。

第三に、再犯防止のための刑務所出所者等就労支援対策として、二〇〇五年八月に、法務省と厚生労働省が連携して「刑務所出所者等総合的就労支援対策」を策定した。この対策は、保護観察中における無職者と有職者の再犯率を比較した場合、無職者の再犯率は有職者の五倍以上もの差（四〇・四％対七・一％）があることが指摘されていることから、講じられたものである。具体的には、①身元保証制度（身元保証人がいないために就職が困難な者に対して国が補助を行うもので、事故があった場合には事業主に対して二〇〇万円を上限として支払う制度）、②試行雇用制度（一か月以上の試行雇用を実施する事業主に対して、最大限三か月分の奨励金を交付する制度）、③職場体験講習制度（刑務所出所者等に、職場環境や業務を体験させることにより就業への自信を持たせることを目的としたもので、事業主に委託費〔一か月二万四〇〇〇円〕を支給する制度）がある。

第四に、連続女性監禁事件を契機に、保護観察付執行猶予者に対する保護観察を充実させる必要性があることから、二〇〇六年に執行猶予者保護観察法の一部改正が行われ、それによって転居・旅行をする際の届出制を許可制へと変更し、また許可を要する旅行期間を七日以上としたことに加えて、特別遵守事項の設定が可能となった。これによって、執行猶予者に対する保護観察と仮釈放者等に対する保護観察との差異が解消され、より充実した保護観察が展開されるようになったのである。

3　満期釈放者のための再犯防止対策

ところで、更生保護における再犯防止対策を考える上での重要な保護関係のデータとしては、①二〇〇五年から二〇〇九（平成二一）年までにおいて保護観察終了時に無職であった者の再犯率は三六・七％であり、有職者の再犯率の約五倍である、②二〇〇四年以降、刑務所出所者に占める満期釈放者の割合は年々増加しており、二〇〇九年には、満期釈放者が五〇・七％を占め、適当な帰住先がない者は四〇％を超えている、そして、③二〇〇四年から二〇〇八（平成二〇）年の間に刑務所に入所した者を見ると、前回帰住先がなかった者のうち、五六・六％の者が一年未満に再犯に及んでいる、等に注目する必要があるであろう。

以下においては、筆者が座長を務めた「更生保護施設検討会」の中間報告とその後の議論を参考にしながら、「帰住先のない満期釈放者対策」について考えてみたいと思う。

4　帰住先のない満期釈放者対策

表1に示されているごとく、二〇〇六年を基準として概算すると、年間約三万人の刑務所出所者のうち、満期釈放者は約一万五〇〇〇人であり、そのうちの帰住先のない満期釈放者は、約七二〇〇人である。

この約七二〇〇人のうち保護を求めてこない者、約一七〇〇人と、暴力団員、約一八〇〇人について

表１　満期釈放者に関する推計値（１年間の人数の概数）

帰住先のない満期釈放者			7,200
更生緊急保護	更生保護施設で受入れ		850
	帰住援助		750
高齢者（65 歳以上）		780	1,000
疾病・身体障害あり		120	
知的障害あり		100	
更生保護施設での受入れ困難な者			
（内訳〔推計値〕）	性犯罪	90	1,100
	放　火	60	
	覚せい剤	560	
	暴力的傾向	110	
	問題飲酒	280	
保護を求めてこない者			1,700
暴力団員			1,800

（出所）法務省保護局『更生保護施設検討会報告書』2009 年 8 月 24 日。

も、有効な対策が必要なことは言うまでもないが、ここでは、保護を求めてこないのはどうしてかという実態調査の必要性と、暴力団員には、別途の対応を考えなければならないということを指摘するに止め、それ以外の者として、緊急の対策を考えなければならないのは、更生緊急保護により、更生保護施設で受け入れる者（約八五〇人）と、帰住援助者（約七五〇人）である。

　更生緊急保護の対象となる者を更生保護施設で受け入れた場合、現行制度の下では、保護観察対象者のように指導監督を行うことはできず、強制的措置や不良措置も取ることができないことから、処遇に困難をきたすことも多いと言われている。もちろん、今更改めて言うまでもなく、出所後、適当な住居がなければ、就労の機会を得て安定した社会生活を営むことは困難であるから、帰住先のない満期釈放者に対しては、更生保護施設における受入れの拡充を図って、充実した処遇を実施することが必要である。そのためには、更生保護施設の職員の増員と充分な研修を行うことが望まれ、また、更生保護施設において、処遇困難者に対して充実した処遇を行い得るような委託費制度への転換も視野に入れておく必要があるであろう。

また、更生緊急保護は、釈放者の申出に基づき実施されるものであることから、保護観察所においては、釈放者の出頭及び申出があって、初めて措置の要否の判断を行っているようであるが、真に更生緊急保護を必要としながら、制度に対する理解不足等から保護観察所に出頭してこない者も相当数いると考えられる（保護を求めてこない者約一七〇〇人のうちの多くは、こうした理由によるのではないかと思われる）ので、刑事施設と保護観察所の連携を強化し、かかる釈放者への説明を徹底する等の対策を検討すべきであろう。

高齢者（六五歳以上）、約七八〇人、疾病・身体障害あり、約一二〇人、知的障害あり、一〇〇人に対しては、福祉での対応を優先すべきであろう。福祉的措置が必要でありながら、従来それが円滑に実現されてこなかった高齢・障害犯罪者等に対しては、刑事施設入所中から、保護観察所による生活環境の調整を強化しつつ、福祉機関等と連携するための具体的な枠組みを確立することが肝要である。

高齢・障害等の問題を抱える受刑者については、帰住先のないまま出所した場合、生活に困窮して再犯に至るリスクが大きく、現に、高齢・障害等の問題を抱える受刑者が、出所後、福祉的援助を得られなかったことにより、短期間で再犯に至る事例も多いことを考えると、高齢・障害犯罪者に対しては、出所後の社会的受け皿を確保することが望まれる。

そのために、法務省矯正局においては、二〇〇六年の特別調査に基づき、高齢・障害犯罪者に対する処遇を充実させて社会復帰を促進するという視点から、刑事施設内に社会福祉士等の福祉関係者を配置して、入所中から積極的に福祉との連携を図る施策が展開されているし、保護局でも、二〇〇九年度から各都道府県の保護観察所の保護観察官が、刑事施設や地域生活定着支援センターをはじめとする福祉関係機関と協働して、出所後の福祉サービスの確保に向けて計画的に調整を行い、高齢・障害犯罪者に対応していくこととしている。

また、厚生労働省では、地域生活定着支援センターを都道府県事業として立ち上げ、知的障害者を中心に、高齢者等の出所者を支援する体制を確立しているのである。

5　自立更生促進センター・就業支援センターの拡充

更生保護施設での受入れが困難な者（性犯罪、放火、覚せい剤、暴力的傾向、問題飲酒等）、約一一〇〇人に対しては、新しい受け皿として、自立更生促進センターの整備・拡充が望まれる。現在の自立更生促進センター構想では、特定の問題を抱え、民間の更生保護施設での受入れが困難な者に対して、宿泊させながら重点的・専門的な処遇を行う、自立更生促進センターと、農業による自立が期待できる刑務所等出所者に対して、宿泊させながら農業の実習や職業訓練を行う、就業支援センターが考えられている。

前者に属するものが、福島自立更生促進センター（定員・二〇名）と北九州自立更生促進センター（定員・一四名）であり、後者に属するものが、北海道の沼田町就業支援センター（定員・少年一二名）と茨城就業支援センター（定員・成人一二名）である。

これらの施策の中でも、自立更生促進センターの構想は重要である。刑務所内での成績が比較的良好であるものの、現状では適切な帰住先を確保できないため仮釈放されず、満期釈放となっている者を主な対象者として、自立更生促進センターへの仮釈放をまず実現する。しかる後、自立更生促進センターで、保護観察所の特別処遇部門での直接処遇、二四時間・三六五日体制による濃厚な指導監督、個々の問題性に応じた専門的かつ高度な処遇プログラム等を実施する「強化された保護観察（専門的処遇）」と、雇用を掘り起こし、雇用情報の一元的集約、就労機会の確保・提供、適性・能力等の的確な評価、職業体験講習等の多様な支援メニューの提供等を実現する「充実した就労支援」を行い、その上で、対象者を本来の帰住地における保護観察に移行させるのである。保護観察所を退所した後は、親族等のもとへ帰住するか、それができない場合は、民間の更生保護施設が受け皿となる。そして、民間の更生保護施設で、対象者が自立可能であることを確認した上で、帰住地での円滑な社会復帰（再犯防止）を図るのである。

この自立更生促進センター構想に、欧米で一般化しているハーフウェイ・ハウス（自立に備え一時的に居住できる施設）の機能を持たせれば、犯罪者処遇の入口での「調査センター」と、出口での「自立更生促進センター」という二つの受け皿を準備したことになり、わが国の犯罪者処遇システムが完成することになる。

帰住先のない満期釈放者対策としては、犯罪対策閣僚会議の「犯罪に強い社会の実現のための行動計画二〇〇八――『世界一安全な国、日本』の復活を目指して」において問題提起されているごとく、刑務所等の就労支援スタッフ等を活用し、入所中から就労意欲の喚起を促すとともに、雇用情勢に応じた職業訓練を実施することや、一般の職業訓練施設と連携して、職業訓練を含めた刑務作業の質の向上を図ること、さらには、刑務所、保護観察所等と公共職業安定所とが連携して、担当者制によるきめの細かい職業相談・職業紹介の実施等が望まれるであろう。

以上、犯罪者処遇における再犯防止と更生支援について概観したが、二〇〇七（平成一九）年の更生保護法の制定により、わが国の更生保護制度は新たな局面を迎えるに至った。われわれ刑事政策研究に携わる者は、更生保護の分野のみならず、刑事司法制度の各段階において、いかなる再犯防止策が可能であるかを検討すべきではあるまいか。

第Ⅲ部　多様化する犯罪形態に対応する刑事政策

第七章　ストーカー規制法

1　ストーカー規制法の改正

二〇〇〇（平成一二）年五月一八日、「ストーカー行為等の規制等に関する法律」（以下、ストーカー規制法と略称する）が成立し、一一月二四日より施行された。筆者が一九九七（平成九）年五月に『犯罪と非行』誌において、イギリスのストーカー規制法の立法動向を紹介し、わが国においても同様の法律を制定する必要性があるのではないかという提言をしてから、およそ三年後のことである。

また、二〇一三（平成二五）年六月二六日、改正ストーカー規制法が成立した。改正ストーカー規制法は、これまで無言電話や執拗な電話、ファクス等を続ける行為に限っていた「つきまとい行為」に、メール送信を追加した。また、ストーカー行為の禁止命令を出す権限についても、被害者の居住地だけでなく、加害者が住む地域を管轄する公安委員会にも与えることになった。こうした改正は、最近問題となった長崎ストーカー事件や逗子ストーカー事件を契機としたものである。ストーカー規制法の改正は、二〇〇〇年のストーカー規制法制定以来初めてのことであり、一部を除き一〇月に施行された。

2　桶川女子大生ストーカー殺人事件

周知のごとく、ストーカー規制法制定の直接の契機となった事件は、「桶川女子大生ストーカー殺人事件」である。事件そのものは、一九九九（平成一一）年一〇月二六日午後一時前、埼玉県のＪＲ桶川駅前の路上で、通学途中の女子大生（二一歳）が何者かによって刺殺されたというものである。最初は通り魔事件ではないかと見られていたが、被害者の女子大生が、事件前、元交際相手から執拗なストーカー行為にさらされていたことが判明し、一躍ストーカー事件として有名になった。写真週刊誌『フォーカス』の記者の執念により、警察よりも早く犯人を特定し、事件解決へと導いた事件としても有名である。被害者とその家族が、警察に何度もストーカー被害を届け出ていたにもかかわらず、適切な捜査をせず、あまつさえ調書を改ざんしていたことが発覚し、埼玉県警内で懲戒免職者三人、県警本部長を含む一二人の大量処分者を出したことでも話題となった。当初、新聞、テレビ、週刊誌等のマスメディアが、被害者である女子大生の人格の尊厳を害するような報道をし、この事件が「マスコミ報道被害」の典型例として問題になったことでも知られている。

3　ストーカー規制法の概要

ストーカー行為等の規制等に関する法律（ストーカー規制法と略称する、全一六条）は、その第一条に目的規定を置いている。本法は、ストーカー行為等について必要な規制を行うこと等により、個人の身体、自由及び名誉に対する危害の発生を防止し、あわせて国民の生活の安全と平穏に資することを目的とするものである。

第二条では、規制の対象となる行為として、「つきまとい等」と「ストーカー行為」があげられている。まず、ここで言う「つきまとい等」とは、特定の者に対する恋愛感情その他の好意の感情又はそれが満たされなかったことに対する怨恨の感情を充足する目的で、当該特定の者又はその配偶者、直系・同居の親族その他当該特定の者と社会生活において密接な関係を有する者に対して、次のいずれかに掲げる行為をすることをいうものとされている。

①つきまとい、待ち伏せし、進路に立ちふさがり、住居、勤務先、学校等その他その通常所在する場所（以下、「住居等」という。）の付近において見張りをし、又は住居等に押し掛けること（第一号）。
②その行動を監視していると思わせるような事項を告げ、又はその知り得る状態に置くこと（第二号）。
③面会、交際その他の義務のないことを行うことを要求すること（第三号）。
④著しく粗野又は乱暴な言動をすること（第四号）。
⑤電話をかけて何も告げず、又は拒まれたにもかかわらず、連続して、電話をかけ、ファクシミリ装置を用いて送信し、若しくは電子メールを送信すること（第五号）。
⑥汚物、動物の死体その他の著しく不快又は嫌悪の情を催させるような物を送付し、又はその知り得る状態に置くこと（第六号）。
⑦その名誉を害する事項を告げ、又はその知り得る状態に置くこと（第七号）。
⑧その性的羞恥心を害する事項を告げ若しくはその知り得る状態に置き、又はその性的羞恥心を害

する文書、図画その他の物を送付し若しくはその知り得る状態に置くこと（第八号）。

一見したところ、これらの「つきまとい等」の行為は、軽犯罪法や刑法等に該当する行為のようにも見えるが、その規制の趣旨・範囲は、軽犯罪法や刑法とは異なるものと考えられ、いずれもいわゆるストーカー行為の実態を踏まえて規定されたものである。また、主観的要件として規定されている「恋愛感情その他の好意の感情」には、女優、ニュースキャスター等に対する憧れの感情や、特定の女性と性交渉を持ちたいという「性的な感情」も含まれると解される。しかし、事実上、本条の「恋愛等一定の感情」の内容を特定するには、本法の運用による事例の積み重ねを待つしかないであろうと思う。いずれにせよ、規制対象を恋愛感情等一定の感情を充足する目的の行為に限定したのは、国民に対する規制の範囲を最小限にし、マスコミの活動や組合活動、あるいは探偵業務等、商業活動や労働運動、宗教活動等に規制が及ぶことを避けるための配慮である。この点は評価できるであろう。

次に、「ストーカー行為」であるが、第二項においては、「つきまとい等」の行為を、同一の者に対して反復して、つまり、複数回繰り返して行った場合を、「ストーカー行為」と定義している。ただし、①から④に掲げる行為については、「身体の安全、住居等の平穏若しくは名誉が害され、又は行動の自由が著しく害される不安を覚えさせるような方法」により、行われる場合に限られる。わかり易く言えば、本条においては、いわゆるストーカー行為の中から悪質性の高いものを「ストーカー行為」として捉えて罰則の対象とするとともに、そこまでに至らない前段階の行為を「つきまとい等」として捉え、特に危険防止の観点から、警告、禁止命令等行政措置の対象としたと考えられる。

「つきまとい等」の規制として、まず、何人も、つきまとい等をして、その相手方の身体の安全、住居等の平穏若しくは名誉が害され、又は行動の自由が著しく害されるような不安を覚えさせてはならない（第三条）こととされている。これに違反して「つきまとい等」がなされた場合、警視総監・都道府県警察本部長・警察署長（警察本部長等）は、「つきまとい等」の相手方から申出を受けて、当該行為をした者に対し、さらに反復して当該行為をしてはならない旨を「警告」することができることとした（第四条）のである。

警告を受けた者が当該警告に従わずに「つきまとい等」をして、相手方に不安を覚えさせた場合には、都道府県公安委員会は、この者に対し、この者からの聴聞を行った上で、さらに反復してそのような行為をしてはならない旨の命令、すなわち「禁止命令」等をすることができることとした（第五条）。

このほか、「つきまとい等」の相手方からの申出を受けた警察本部長等は、緊急の必要があると認めるときは、さらに反復してそのような行為をしてはならない旨の「仮の命令」をすることができる（第六条）ことになっている。

仮の命令は、事前手続なしに行われることから、その効力を一五日以内に限定し、その期間内に公安委員会が「意見の聴取」を行うこととしている。意見の聴取の結果、当該仮の命令が不当でないと認めるときは、公安委員会は聴聞を行わずに禁止命令を行うことができ、そうでない場合には、直ちに仮の命令の効力を失わせることとなる。

また、本法においては、警察本部長等は、ストーカー行為等の相手方からの申出に応じ、当該ストーカー行為等に係る被害を自ら防止するための措置の教示等の必要な援助を行うこととしている（第七条）。援助の具体的内容については、例えば、①電話録音や行為者の行動の記録等の証拠収集方法の教示、②行為者との交渉を行う場としての警察施設の利用、③防犯ブザー等の防犯器具の貸与等が考えられよう。

最後に、本法は、第一三条から一五条に罰則規定を設けている。ストーカー行為をした者は、六月以下の懲役又は五〇万円以下の罰金に処せられるのである。なお、この罪は親告罪で、被害者等からの告訴がなければ公訴を提起することができないことになっている（第一三条）。また、禁止命令を受けた者が当該禁止命令に違反してストーカー行為をした場合や、禁止命令を受けた者が当該禁止命令に違反して「つきまとい等」をした場合で、禁止命令前の行為から通して評価するとストーカー行為をしたと言えるときには、一年以下の懲役又は一〇〇万円以下の罰金に処せられることになっている（第一四条）。このほか、禁止命令を受けた者が当該禁止命令に違反した場合で、禁止命令前の行為から通して評価しても、ストーカー行為をしたとは言えないときは、五〇万円以下の罰金に処せられるのである（第一五条）。

4　長崎ストーカー殺人事件

警察庁生活安全局生活安全企画課の「平成二四年中のストーカー事案及び配偶者からの暴力事犯の対応状況について」によれば、ストーカー規制法が制定された二〇〇〇年の認知件数が二二八〇件（二〇〇〇年は法施行日一一月二四日から一二月三一日までの期間）であったことは別として、毎年、一万二〇〇〇件から一万四〇〇〇件の間で推移していたが、二〇一二（平成二四）年には、ついに一万九九二〇件に達したことを明らかにしている。これは、ある意味において、ストーカー規制法が機能していないことを示す数値でもあると言える。

しかしながら、「長崎ストーカー殺人事件」の警察の対応を見る限り、問題はストーカー規制法の欠陥にあるというよりも、ストーカー行為の危険性の認識不足と、管轄権にこだわりを持つ各県警間の連携不足にあり、また、私人間の紛争に警察は関与しないという「民事不介入の原則」が、今もなお、警察内部に存在していることを疑わせる対応となっている。ストーカー規制法を積極的に運用し、被害者を救済するという意識改革こそが、何よりも先に警察に求められるところである。

ところで、この「長崎ストーカー殺人事件」であるが、二〇一〇年にインターネットの会員制交流サイトで知り合い、千葉県習志野市で被害者（当時二三歳女性）と同居していたストーカー加害者（当時二七歳）が、被害者を束縛し、暴力を振るうようになったことに堪え兼ねて、被害者が二〇一一（平成二三）年一二月、習志野市から長崎県西海市の実家に戻った際に、加害者は、被害者が家族に無理やり連れ戻されたと思い込み、同月一六日に、被害者の母親（当時五六歳）と祖母（当時七七歳）を殺害したというものである。

事件の経緯を見ると、二〇一一年一〇月二九日、被害者の父親が、長崎県西海署に「千葉に住む三女が元交際相手の男から暴力を受けたり、脅かされている可能性がある。千葉県警に捜査してほしい」とストーカー行為による被害を相談し、長崎県警は千葉県警に通報している。千葉県警は、加害者から事情を聴取し、厳重注意をした結果、加害者は「二度と暴力を振るわない。自分から連絡は取らない」と約束をしている。しかし、その後も脅迫メール等を送ったために、千葉県習志野署は、二度にわたり電話と口頭による「警告」をし、一二月九日には、加害者は、「自分からは連絡は取らない」と、実家のある三重県に帰っている。

加害者は、警察から電話と口頭で「警告」された後も、被害者の知人ら八人に「女性の居場所を教えなければ殺す」といった内容のメールや、被害者に「お前の母親や父親、きょうだいを殺す」といったメールを送っている。父親は、三つの県警に相談をしたが、いずれの警察もメールの内容を確認せず、「管轄は向こう」と対応をたらい回しにしている。父親が傷害事件の被害届を出しに行くと、千葉県警は「一週間待ってほしい」と捜査に着手する時期までも引き延ばしているのである。結局、習志野署が被害者への傷害容疑で逮捕状を取ったのは、殺人事件が発生した翌日であった。

問題なのは、こうした不手際の上に、加害者には、かつて埼玉県でストーカー規制法違反の犯罪歴があったが、この情報は各県警間で共有されていなかったという事実である。各県警は、相談内容が重大事件に発展するという危機意識が欠落していたとしか言いようがなく、そのためか、直ちに強制力のあるストーカー規制法の適用に踏み切ることを怠っているのである。

5　逗子ストーカー殺人事件

もう一つの事件である「逗子ストーカー殺人事件」は、二〇一二年一一月六日午後三時一〇分頃、神奈川県逗子市で、元交際相手のストーカー加害者によって、被害者が刺殺された事件である。犯行後、加害者は首をつって自殺している。

二人は、二〇〇四年頃、バドミントンサークルで知り合い、交際を開始した。二〇〇六（平成一八）年頃に別れたが、大量の「嫌がらせメール」が送られてきたために、被害者が杉並署に相談し、対応した結果として、メールは止まっている。しかし、二〇一一年三月から四月にかけて、「刺し殺す」といった内容のメールや、包丁の写真を添付したメールが、一日に八〇から一〇〇通も届くようになり、被害者は怖くなって、再び逗子署に相談している。同署は、同年六月、脅迫容疑で加害者を逮捕。七月には、勾留中の加害者に、メール内容が「乱暴な言動」に当たるとして、ストーカー規制法に基づく「警告」を出している。同年九月には、加害者に懲役一年執行猶予三年の判決が下され、保護観察に付されている。加害者は、公判廷で、裁判官に「脅迫メールは止める」と誓っていたが、二〇一二年三月から四月にかけて、「結婚の約束をしていたのに別の男と結婚した。契約不履行で慰謝料を請求します」等と記された丁寧な文体の長文のメールが一〇八九通も送り付けられた。被害者は直ちに逗子署に相談したが、逗子署は「連続メールはストーカー規制法にあたらない」と回答し、逗子署から加害者に厳重注意をすることを提案している。その後、四月中旬からメールが止まったので、被害者が静観していた矢先、一一月に殺傷事件が起こったのである。

この「逗子ストーカー殺人事件」は、ストーカー行為が六年続き、警察署への相談回数は四回、しかも、最終的には二か月間で一〇八九通のメールの送付という行為に、なぜ違法性を問えないのかという疑問が提起されていた。この点は改正ストーカー規制法で解決を見ている。しかし、そうしたことよりも問題なのは、警察、検察、保護観察所の連携不足があったのではないかという点である。保護観察付執行猶予判決を受けた加害者は、「いかなる形でも被疑者と接触してはならない」という特別遵守事項がつけられていた。したがって、電話やメールや訪問といった、あらゆる接触方法が取れないことになっていたはずなので、連続メールを送信したとなれば、特別遵守事項違反であり、執行猶予を取消し、刑務所へ収容することができたはずである。そうすれば、今回の殺傷事件を避けることができた可能性は高いのである。

幸いなことに、この「逗子ストーカー殺人事件」を受けて、二〇一三年四月から警察と保護観察所の情報交換制度が始まった。保護観察付き執行猶予判決を受けた加害者が嫌がらせを再開した場合、警察が保護観察所に遵守事項等の問い合わせをすることになった。また、逗子事件では、捜査員が逮捕状に記された被害者の名前や住所の読み上げをしたことから、加害者がその情報を利用して被害者の住所等を突き止めたという事実を重く受け止め、逮捕状の被害者名は伏せ、本人の顔写真を添えるとか、起訴状の被害者名をカタカナで表記するとかの工夫がなされているが、検察の裁量だけで起訴状を匿名にすることは法的に問題もあることから、法改正による対応が必要であろう。

現行ストーカー規制法は、ストーカーの禁止命令が出るまでに多くの手続が必要で、被害者を守るには欠陥があるという批判もある。裁判所が命令を出せるように改めるのも一つの方法である。ストーカー規制法の抜本的な改正が望まれる。

第八章　ＤＶ防止法

１　ＤＶ防止法の改正

二〇〇一（平成一三）年四月六日、「配偶者からの暴力の防止及び被害者の保護に関する法律」（平成一三年法律第三一号）が成立し、四月一三日に公布され、一〇月一三日から施行された（ただし、配偶者暴力相談支援センター等の規定については二〇〇二（平成一四）年四月一日に施行され、二〇一三（平成二五）年六月二六日に成立した改正法により法律名が「配偶者からの暴力の防止及び被害者の保護等に関する法律」となった。以下、ＤＶ防止法と略称する）。

この法律は、参議院の「共生社会に関する調査会」が提案者となった議員立法であり、内閣府、警察庁、法務省、厚生労働省の四府省庁の共管である。この法律の制定によって「女性に対する暴力」の根絶に向けての第一歩が踏み出されたと評価する者がいる反面、被害を受けた女性の安全を守り、援助するという観点からは欠陥が多いとの指摘もある。以下においては、このＤＶ防止法の概要を、二〇〇四（平成一六）年の第一次改正法、二〇〇七（平成一九）年の第二次改正法、二〇一三年の第三次改正法をも考慮に入れて紹介してみることにしたい。

2　DV防止法制定の目的

配偶者間の暴力は、一般にドメスティック・バイオレンス（Domestic Violence：DV）と呼ばれているが、英語のドメスティック・バイオレンスは「家庭内の暴力」を意味する言葉であり、配偶者間の暴力（配偶者虐待）のみならず、子どもから親に対する暴力（かつてわが国で家庭内暴力と呼ばれていたもの）、親から子どもに対する暴力（児童虐待）、お年寄りに対する暴力（高齢者虐待）等をも含む広い概念である。しかしながら、フェミニストの間では、この言葉は、既婚・未婚、同居・別居、離別を問わず、親密な関係にある、あるいは親密な関係にあった男性から女性に加えられる暴力のことを意味する言葉として使われており、「夫・パートナーからの暴力」の意味で使われることが多い。わが国のDV防止法も、建前の上からは、夫と妻の双方が被害者となり得るという前提に立っているが、前文を見ると、「配偶者からの暴力の被害者は、多くの場合女性であり、経済的自立が困難である女性に対して配偶者が暴力を加えることは、個人の尊厳を害し、男女平等の実現の妨げとなっている」としていることや、「このような状況を改善し、人権の擁護と男女平等の実現を図るためには、配偶者からの暴力を防止し、被害者を保護するための施策を講ずることが必要である。このことは、女性に対する暴力を根絶しようと努めている国際社会における取組にも沿うものである」としていることから見ても、本法の狙いとするところは、「女性に対する暴力の防止とその保護」にあることは明らかであろう。あえて「配偶者」とし、男性を加えたのは、保護命令違反で男性だけを処罰するのは憲法違反の疑いがあるという疑義を回避するためであるように思われる。

3　ＤＶ防止法の構成

ＤＶ防止法は、全三〇条から成る。以下、条文に基づいて検討してみることにしよう。
まず、第一章総則においては、「配偶者からの暴力」と「被害者」の定義と国及び地方公共団体の責務が規定されている。

「配偶者からの暴力」とは、「配偶者からの身体に対する暴力又はこれに準ずる心身に有害な影響を及ぼす言動をいい、配偶者からの身体に対する暴力等を受けた後に、その者が離婚をし、又はその婚姻が取り消された場合にあっては、当該配偶者であった者から引き続き受ける身体に対する暴力等を含むものとする」と定義されている。

二〇一三年六月の第三次改正法が成立する以前は、規制対象が、法律上・事実上の配偶者（一定の条件での元配偶者を含む）に限定されていた。つまり、恋人や一時的な同棲相手、婚約者等からの暴力は対象外であった。しかし、第三次改正法では、第二八条の二が追加され、生活の本拠を共にする交際相手からの暴力及び被害者についても、ＤＶ防止法を準用する旨の規定がおかれた。結果として、婚姻関係における共同生活に類する共同生活を営んでいることが条件ではあるが、デートＤＶ（恋人間のＤＶ）でも同居している交際相手からの暴力は保護の対象となったのである。

また、「身体に対する暴力」は、ＤＶ防止法制定当時は、暴力が身体に対する不法な攻撃に限定されていたことから、性的暴力や精神的暴力、経済的圧迫や社会的隔離等は含まれていなかった。この点に関しては、身体的暴力のみを対象とし、精神的暴力や性的暴力を対象としないのではDVの実態を踏まえたものとはなっておらず、被害者の救済という観点からは問題があるとの指摘がなされていたのである。こうした批判を受けて、第一次改正法において、元配偶者から引き続き暴力を受ける恐れが大きい場合、保護命令の申立ができるとしたほか、言葉や言動による精神的暴力も含まれることとなった。そのため、身体に対する暴力又はこれに準ずる心身に有害な影響を及ぼす言動とは、精神的暴力や性的暴力を指すことになったのである。すなわち、暴力の内容としては、身体的暴力、精神的暴力、性的暴力、威圧・強制等の暴力が保護の対象となった。また、第二次改正法によって、対象となる暴力の範囲が拡大され、「脅迫」も含まれることになった。脅迫の時点では身体に対する暴力を受けていなくても、その後、配偶者から暴力を受ける一定程度の可能性が認められ、保護の必要性が認識されたためである。

「被害者」の定義に関しては、第三次改正法によって、被害者とは、「配偶者からの暴力を受けた者をいう」という定義から、「第二八条の二に規定する関係にある相手からの暴力を受けた者をいう」という定義への読み替えがなされた。本法での被害者が、男性であるか女性であるかを問わないことは言うまでもない。

また、第二条では、「国及び地方公共団体は、配偶者からの暴力を防止するとともに、被害者の自立を支援することを含め、その適切な保護を図る責務を有する」ものとしている。

第二章は配偶者暴力相談支援センターに関する規定である。この規定によれば、「都道府県は、当該都道府県が設置する婦人相談所その他の適切な施設において、当該各施設が配偶者暴力相談支援センターとしての機能を果たす」ものとしている。換言すれば、各都道府県は、新たにセンターを設置するのではなく、既存の組織を有効に組み合わせて「センター機能」を持つように工夫し、総合的に対応することを提言しているのである。ここでのセンター機能は、配偶者からの暴力の防止と被害者の保護にあると言えるが、その目的を果たすために、第三条第三項には業務内容が規定されている。すなわち、

①被害者に関する各般の問題についての相談と相談機関の紹介（第一号）
②被害者の心身の健康を回復させるためのカウンセリング（第二号）
③被害者及びその同伴する家族の一時保護（第三号）
④被害者が自立して生活することを促進するための情報の提供その他の援助（第四号）
⑤保護命令の制度の利用についての情報の提供その他の援助（第五号）
⑥被害者を居住させ保護する施設、いわゆるシェルターの利用等についての情報の提供その他の援助（第六号）

がそれである。

実際には、多くの都道府県で婦人相談所がセンター機能を果たすことになるであろうが、業務に要する費用等については、都道府県が支弁し、国がその一定の割合を負担又は補助するものとしている。

第三章は被害者の保護に関する規定である。配偶者からの暴力の発見者による通報等（第六条）、配偶者暴力相談支援センターによる保護についての説明等（第七条）、警察官による被害の防止（第八条）、警察本部長等の援助（第八条の二）、福祉事務所による自立支援（第八条の三）、被害者の保護のための関係機関の連携協力（第九条）が規定されている。この章では、第一次改正法で、警察本部長等の援助と福祉事務所による自立支援が追加された。

まず、配偶者からの暴力の発見者による通報等についてであるが、配偶者からの暴力は、主に家庭内で行われるため、外部からの発見が困難であり、また、被害者も保護を求めることをためらうことが考

えられることから、「配偶者からの暴力を受けている者を発見した者は、その旨を配偶者暴力相談支援センター又は警察官に通報するよう努めなければならない」ものとしている。

また、「医師その他の医療関係者は、その業務を行うに当たり、配偶者からの暴力によって負傷し又は疾病にかかったと認められる者を発見したときは、その旨を配偶者暴力相談支援センター又は警察官に通報することができる」ものとしている。但し、「この場合において、その者の意思を尊重するよう努めるもの」としている。通報は義務ではない。

また、守秘義務を負っている者が、配偶者からの暴力を発見した場合に、躊躇することなく通報できるように、刑法の秘密漏示罪の規定その他の守秘義務に関する規定は、適用されないことを明らかにしている。

このほか、「医師その他の医療関係者は、その業務を行うに当たり、配偶者からの暴力によって負傷し又は疾病にかかったと認められる者を発見したときは、その者に対し、配偶者暴力相談支援センター等の利用について、その有する情報を提供するよう努めなければならない」ものとしている。

次いで、第七条では、「配偶者暴力相談支援センターは、被害者に関する通報又は相談を受けた場合には、必要に応じ、被害者に対し、配偶者暴力相談支援センターが行う業務の内容について説明及び助言を行うとともに、必要な保護を受けることを勧奨するもの」としている。第八条では、「警察官は、通報等により配偶者からの暴力が行われていると認めるときは、暴力の制止、被害者の保護その他の配偶者からの暴力による被害の発生を防止するために必要な措置を講ずるよう努めなければならない」こととしている。第一次改正法で追加された、第八条の二では、警察本部長等は、配偶者暴力を受けている者から、被害を防止するための援助を受けたい旨の申出があった場合には、当該被害を自ら防止するための措置の教示その他配偶者からの暴力による被害の発生を防止するために必要な援助をすることを定めている。また、第八条の三では、福祉事務所等は、被害者の自立を支援するために必要な措置を講じるものとしている。さらには、第九条は、被害者保護のための関係機関の連携協力について規定している。

第四章は保護命令に関する規定である。ＤＶ防止法の最大の特質はこの保護命令制度を導入したことである。ここで言う保護命令とは、被害者がさらなる配偶者からの暴力によりその生命又は身体に重大な危害を受けるおそれが大きいときに、裁判所が、被害者からの申立てにより、その生命又は身体に危害が加えられることを防止するため、一定の期間、被害者又は被害者の子や親族へのつきまとい等の禁止（接近禁止命令）や、被害者と共に生活の本拠地としている住居からの退去等を命じ（退去命令）、その命令の違反には刑罰が科されることを内容とするものである。第一次改正法のときには、成年に達しない子への接近禁止命令が認められた。但し、子が一五歳以上であるときは、その同意のある場合に限ることになっている。また、第二次改正法では、被害者の親族その他被害者と社会生活において密接な関係を有する者への接近禁止命令が可能になった。また被害者への接近禁止命令と併せて、被害者に対し、一定の電話等を禁止する命令も可能になったのである。

このように、保護命令には、接近禁止命令と退去命令の二つのものがある。接近禁止命令とは、保護命令の効力が生じた日から起算して六か月間、被害者の住居（当該配偶者と共に生活の本拠としている住居を除く）その他の場所において被害者の身辺につきまとい、又は被害者の住居、勤務先その他その通常所在する場所の付近をはいかいすることを禁止するものである（第一〇条第一項第一号）。また、退去命令とは、保護命令の効力が生じた日から起算して二か月間、被害者と共に生活の本拠としている住居から退去すること及び当該住居の付近をはいかいしてはならないことを命じるものである（第一〇条第一項第二号）。

退去命令の期間が二週間から二か月に拡大されたのは、第一次改正法においてであり、退去命令の内容として、退去を命じられた住居の付近のはいかいの禁止が加えられたのもこのときである。

保護命令手続で問題となるのは、保護命令の申立てにおいて、被害者が配偶者暴力相談支援センターや警察に対し保護等を求めていたか否かによって、その手続に違いが見られることである。

まず、被害者が配偶者暴力相談支援センターや警察に対し保護等を求めている場合においては、被害者は、これらに対し相談し、又は援助若しくは保護を求めた事実等について、申立書に記載しなければならないものとしている。一方、被害者が配偶者暴力相談支援センターや警察に対し保護等を求めていない場合には、被害者は、申立書に、配偶者からの暴力を受けた状況等についての供述を記載した公証人の認証を受けた宣誓供述書を添付しなければならないものとしているのである。

宣誓供述書を添付しなければならないのは、迅速な審理を行うためであるとのことであるが、女性の証言を信用していないジェンダー・バイアスであるとする批判はともかくとしても、申立要件が厳しく、保護命令の内容及び実効性には疑問があるとする批判は真摯に受け止めるべきであろう。

保護命令に違反した場合には、一年以下の懲役又は一〇〇万円以下の罰金に処するものとしている。刑事罰による直接強制制度を導入し、保護命令の実効性を高めようとした点は評価してよいであろう。

その他、保護命令に関しては、迅速な裁判及び保護命令事件の審理の方法、保護命令申立てについての決定等、即時抗告、保護命令の取消し、保護命令の再度の申立て等の規定がある。なお、この法律に定めるもののほか、保護命令に関する手続に関し必要な事項は、最高裁判所規則に定められている。

第五章の雑則においては、被害者の安全確保と秘密保持についての職務関係者の配慮義務、国民の理解を深めるための教育及び啓発、加害者及び被害者についての調査研究の推進、民間団体に対する援助、都道府県及び市の支弁、国の負担及び補助等が規定されている。二〇一三年六月の第三次改正によって、第五章の二の「補則」において、この法律の準用規程が設けられた。

第六章は罰則に関する規定であり、附則は、施行期日、経過措置等である。

4　DV防止法の意義

女性に対する暴力の根絶に関する国際的な関心は、一九九三（平成五）年に、国連で「女性に対する暴力撤廃宣言」が採択されて以来高まりを見せ、一九九五（平成七）年には、国連の「第四回世界女性会議」において、「北京宣言及び行動綱領」が採択され、その中でDVは最も深刻な人権侵害の一つとして位置づけられた。女性二〇〇〇年会議で採択された「北京宣言及び行動綱領実施のための更なる行動とイニシアティブ」においては、各国が採るべき行動の一つとして、あらゆる形態のDVに関する犯罪に対処するための法律の制定等が規定されている。

こうした国際的な動向を受けて、わが国でも、二〇〇〇（平成一二）年に策定された「男女共同参画基本計画」において、女性に対する暴力のうち、夫・パートナーからの暴力について、「各種施策の充実や既存の法制度の的確な実施や一層の活用を行うとともに、それらの状況も踏まえつつ、新たな法制度や方策などを含め、幅広く検討する」という施策の基本的方向が示されたのである。このような状況の下、一九九八（平成一〇）年に設置された参議院共生社会に関する調査会では、同調査会理事会の下に超党派による「女性に対する暴力に関するプロジェクトチーム」を設置し、このチームによって作成された法律案が、ＤＶ防止法となったのである。

二〇〇一（平成一三）年ＤＶ防止法制定の背景には、こうした事情があった。本法には加害者更生プログラムの導入や緊急保護命令制度等多くの解決すべき問題点があることは言うまでもないが、本法の制定と三次にわたる改正によって、わが国においても、女性に対する暴力の根絶に向けての第一歩が踏み出されたことは評価できるであろう。

しかしながら、これまでのわが国の配偶者暴力に関する施策は、どちらかと言えば、被害者を加害者の元から引き離すことを前提としたものであり、被害者の安全確保や自立支援に係るものが中心となっている。これは、被害者支援関係者の根底にある「加害者は変わるはずがない」という諦念に支配されたからではないかと筆者には思われる。今後は、諸外国に見られるような加害者プログラムの開発と、加害者プログラムを被害者支援の一環として位置づけた施策への転換を図ることが要求されるであろう。加害者対応の拡充こそが、わが国のＤＶ対策の喫緊の課題であると言えよう。

第九章　新たな犯罪形態としての特殊詐欺の現状とその対策

1　特殊詐欺の概観

『二〇一三（平成二五）年版警察白書』によれば、刑法犯認知件数全体に占める高齢者が被害者となった件数の割合は、過去二〇年間で二倍以上に増加したという。特に、レンタル携帯電話やバーチャルオフィス等のインフラを悪用して敢行される特殊詐欺や悪質商法において、被害者に占める高齢者の割合の増加が顕著だということである。

数値によって示すと、刑法犯認知件数のうち、高齢者が被害者となった件数は、一九九六（平成八）年に一〇万件、二〇〇一（平成一三）年に二〇万件を突破し、二〇〇二（平成一四）年のピーク時には、約二二万五〇〇〇件となった。その後、刑法犯認知件数全体の減少とともに、高齢者の被害件数も減少し、二〇一二（平成二四）年には約一三万件となっている（図6）。

図6　刑法犯認知件数及び高齢者の被害割合等の推移（平成5～24年）

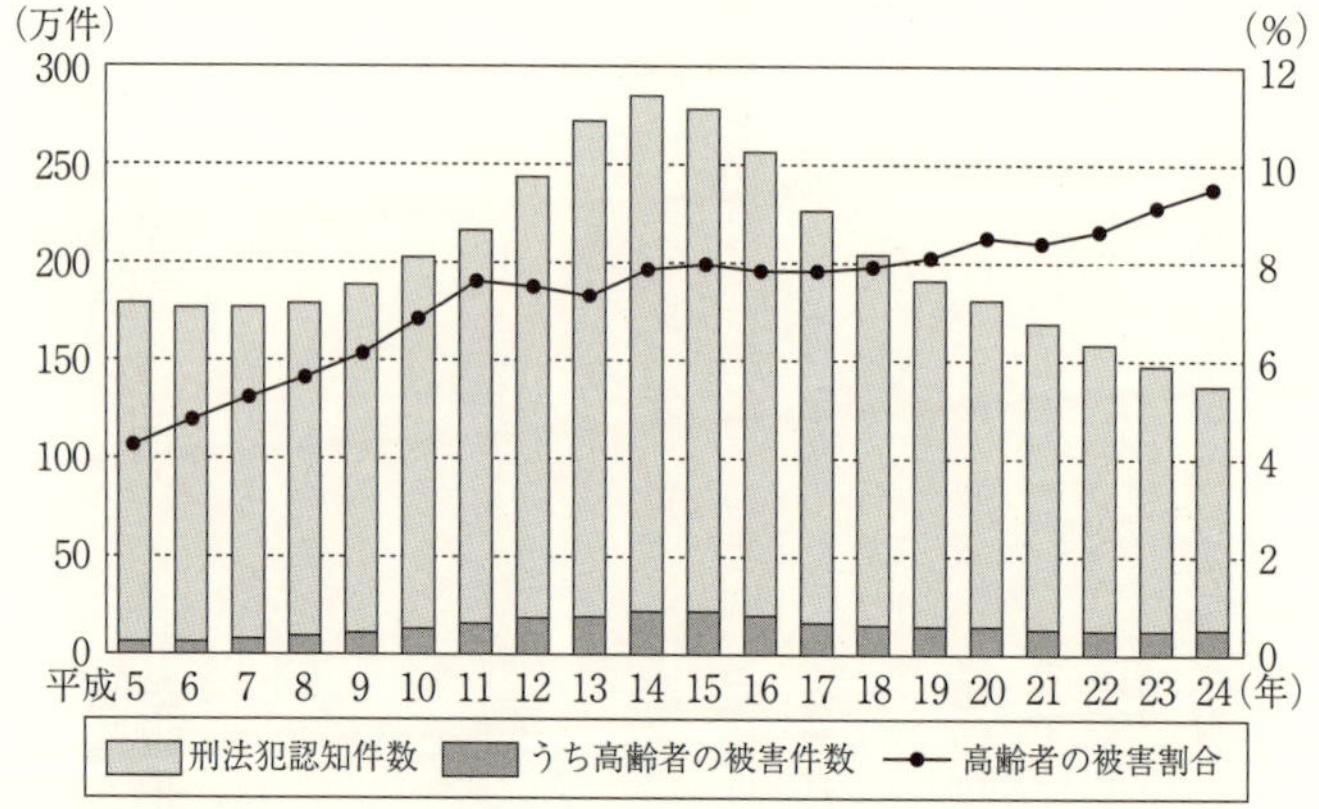

（出所）　警察庁「2013（平成25）年版警察白書」2013年，46頁。

2　特殊詐欺の種類と手口

特殊詐欺とは、これまでに被害の多かった、①オレオレ詐欺、②架空請求詐欺、③融資保証金詐欺、④還付金等詐欺に加え、二〇一二年から増加している、⑤金融商品等取引名目詐欺、⑥ギャンブル必勝法情報提供名目詐欺、⑦異性との交際斡旋名目詐欺、⑧それ以外の特殊詐欺、の八種類のことである。一般的には、①②③④を「振り込め詐欺」と呼び、⑤⑥⑦⑧を「振り込め詐欺以外の特殊詐欺」と呼んでいる。

①「オレオレ詐欺」とは、「オレだよ、母さん（おばあちゃん）、オレオレ」といった具合に、あたかも子や孫から電話が掛かってきたように装って、「交通事故を起こしたので示談金が必要だ」とか、「会社の金を落としたので至急お金を返さなくてはならない」とか、「サラ金から借りたお金の返還を求められており、返さないと会社にばらすと脅かされている」等と、電話の相手が動転して正常な判断ができない状態に陥れた上で、金銭が至急必要であるかの

ように信じ込ませ、現金を預金口座に振り込ませたり、あるいは「レターパック」や「ゆうパック」等の宅配便で送金させる方法により、お金を騙し取る詐欺のことである。親族になりすますことから、「なりすまし詐欺」と呼ばれることもある。

二〇〇四（平成一六）年一一月頃まではこうした詐欺を「オレオレ詐欺」と呼んでいたが、手口が多様化して名称と実態が合わなくなったため、二〇〇四年一二月、警察庁が統一名称として「振り込め詐欺」と呼ぶことを決定した。しかしながら、再び実態に合わないとして、二〇一三（平成二五）年五月、警視庁が、新たな名称を募集した結果として、「母さん助けて詐欺」が最優秀賞、「ニセ電話詐欺」、「親心利用詐欺」が優秀作品として選出された。しかしながら、一般的には、今でも「振り込め詐欺」の名称が多く使われている。

警察官や金融庁・銀行協会・裁判所等の職員を装って電話をかけ、自宅等へ現金やキャッシュカードを受け取りに来る「現金受取型」の詐欺も、オレオレ詐欺に分類されている。

②「架空請求詐欺」とは、使った覚えのないアダルトサイト等の情報料の請求のように、郵便又はインターネット等を利用して、不特定多数の者に対し、架空の事実を口実とした料金の請求や、偽の裁判通知、文書やメールを送付するなどして、現金を預金口座等に振り込ませたり、宅配便や郵送等で送金させる方法により騙し取る詐欺である。「支払え詐欺」とも呼ばれている。

③「融資保証金詐欺」とは、実際には融資しないにもかかわらず、資金繰りに困った個人や中小企業に対し、低金利で融資をする旨の文書等を送付する等して、融資を申し込んできた者に対し、保証金や保険料、信用調査や紹介料等を名目に、現金を預金口座に振り込ませたり、宅配便や郵送等で送金させる方法により騙し取る詐欺である。最近では、「東日本大震災で被害を受けた中小企業に低金利で融資」

等と、あたかも震災により被害を受けた企業を救済するかのように装い、事務手数料の名目で現金を騙し取る手口が発生している。実在の金融機関や貸金業者の名称をかたり、「お金貸します」といった内容のダイレクトメール等で、不特定多数に融資の勧誘を行い、実際に融資せずに融資保証料の名目で現金を騙し取ることから、「貸します詐欺」とも呼ばれることもある。

④「還付金等詐欺」とは、税務署や社会保険庁、市町村役場、電力会社、電話会社等の公的機関職員を名乗り、税金や保険料、医療費、利用料金等の還付等に必要な手続であると装って、電話で指示をしながら被害者にATMを操作させ、口座間送金により現金を騙し取る詐欺である。「還付金を返す」と言って誘うことから、「返します詐欺」とも呼ばれている。ATMでは還付金を受け取れないことや、還付金の支払いで公的機関がATM操作を求めることは決してないことを知っておれば被害に遭わないであろうが、こうした情報を知らないことのほうが一般的であろう。

以上のいわゆる「振り込め詐欺」以外の特殊詐欺としては、⑤「金融商品等取引名目詐欺」がある。これは、実際にはほとんど価値がない社債や未公開株等の有価証券、架空の有価証券、外国通貨等の購入についてダイレクトメール等により虚偽の情報を提供し、購入すれば利益が得られるものと信じ込ませ、購入を申し込んできた者にその購入名目で現金を口座に振り込ませて騙し取るものである。「上場間近の未公開株を買いませんか。それを高値で買い取ります」「特定の人しか買えないので、あなたの名前を貸してくれ」「外貨を購入すれば、当社がそれを数倍で買い取ります」等と勧誘し、指定された口座に振り込むと業者と連絡が取れなくなるという手口である。「儲かります詐欺」とも呼ばれている。

この手口は、「劇場型」とも呼ばれ、複数の会社や人物が登場し、被害者を騙すために色々な場面を演出する。また、騙しのネタは、架空の有価証券や外国通貨等に限らず、鉱物の採掘権等の権利関係や、パソコンソフト、仏像、ダイヤモンド等の物品、会員権、社員権等多彩である。ただ、社債や未公開株等の有価証券の場合は、販売できるのは、登録を受けた証券会社と、社債や未公開株の販売会社だけであることを知っていれば、この種の詐欺被害に遭うことはないと思われるが、巧みな話術に惑わされてしまうのであろう。

⑥「ギャンブル必勝法情報提供名目詐欺」とは、雑誌の広告やメールで、「パチンコ打ち子募集」「ロト6必勝法がある」「サクラのバイト」等と勧誘し、登録料や保証料、情報料等の名目で現金を振り込ませたり、「パチンコ攻略法」や数字選択式宝くじの「当たり番号情報」「競馬必勝情報」等で虚偽の情報を提供し、これを名目に現金を振り込ませ、騙し取る手口である。執拗に「必ず儲かる」「絶対に当たる」等とアピールしてくるが、提供された情報が違ったとクレームをつけても、「次はより確実な情報がある」とさらに情報料を要求してくる。これも「儲かります詐欺」と呼ばれている。

⑦「異性との交際斡旋名目詐欺」とは、雑誌やメール、サイト上で「女性紹介」等と掲載し、これに申し込んだ者に対して、虚偽の異性情報を提供した後、会員登録料や保証金等の名目で現金を振り込ませたり、異性になりすまして現金を要求したり、サイト上でポイント等を購入させたりして現金を騙し取る手口である。中には、実際に一度だけ異性に会わせて信用させ、現金を要求する場合もあるので注意が必要である。

⑧「その他」は、前記以外の特殊詐欺である。

図7　特殊詐欺の組織的形態

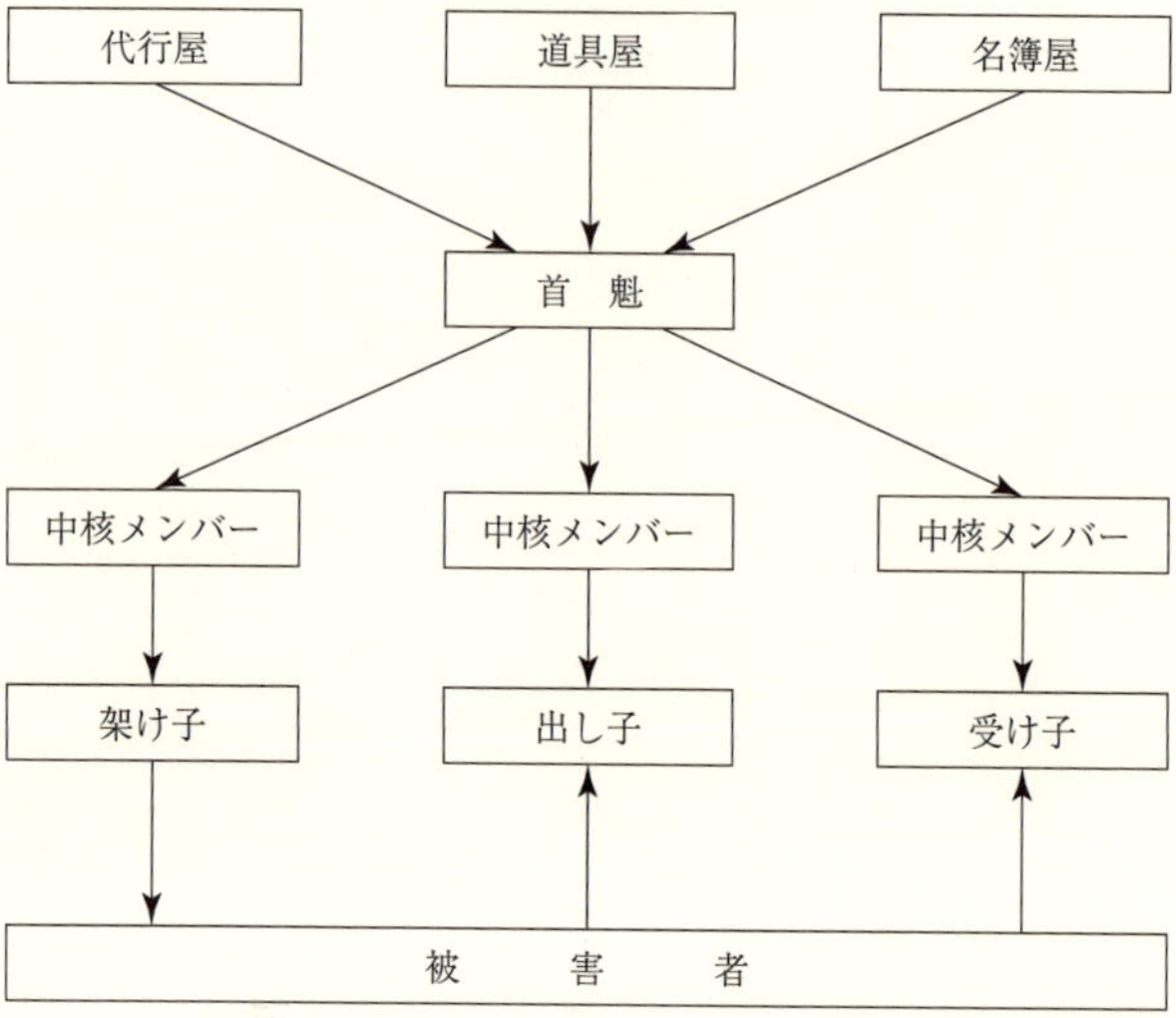

（出所）　原田義久・高尾裕司「特殊詐欺の犯人と取締りについて」『警察学論集』第66巻第8号，70頁の図を参考に筆者作成。

3　特殊詐欺の犯行グループの構造

特殊詐欺は、非対面性に特色がある。犯行グループは、電話やダイレクトメール等で被害者を騙し、口座振り込み等によって金銭を詐取するため、犯罪者と被害者に接点がないことが多い。

また、特殊詐欺は、グループによる犯罪であるところに特色がある。**図7**に示しているごとく、特殊詐欺の協力者として、「代行屋」「道具屋」「名簿屋」等が存在する。また、検挙されないための工夫として役割分担が徹底されており、携帯電話や預貯金口座等は「道具屋」と呼ばれる人たちが用意する。犯行の拠点となるアパートやマンションを借り受けるのは「代行屋」と呼ばれる人たちである。そして、被害者を選定するための名簿は「名簿屋」が集めてくる。

このように、特殊詐欺は、組織的形態を伴う犯罪であり、集団犯罪である。犯行グループの中心に「首魁」が位置し、「中核メンバー」を使って、直接被害者に電話をかけて騙す「架け子」、金銭を預貯金口座から引き出す役割の「出し子」、現金を直接被害者から受け取る「受け子」を統率している。この他にも、出し子等の犯行グループに危険の有無を知らせる「見張役」、出し子、受け子、見張役に指示を出す「指示役」等も存在するようである。

特殊詐欺の財物の交付を受ける態様には、振込型、現金受取型、キャッシュカード受取型、現金送付型があるが、最近では対策の強化によって金融機関を用いる手口が困難化したため、受け子が直接金品を受け取りに現れる「現金受取型」が多くなった。また、ゆうパックや宅配便で現金を送らせる手口も増えているようである。

4　二〇一三年の特殊詐欺の認知件数と被害総額

二〇一三年の特殊詐欺全体の認知件数は約一万二〇〇〇件であり、前年に比べて約四割増加した。被害金額も約四八七億円であり、約三割増加している。一日あたりに換算すると、一日約一億三三〇〇万円の被害額となる。これを「振り込め詐欺」と「振り込め詐欺以外の特殊詐欺」に分けてみると、振り込め詐欺の被害総額は約二五九億円（既遂事件一件あたりの被害金額は約三〇五万円）、振り込め詐欺以外の特殊詐欺が約二二八億円（既遂事件一件あたりの被害金額約八五四万円）となる。振り込め詐欺だけに限定すると、認知件数は前年に比べて約五割増加し、被害総額は約六割増加したことになる。特に被害が深刻なのはオレオレ詐欺で、前年に比べて認知件数で約五割増加し、被害総額も約五割増しの約一七一億円であった。

二〇一三年の振り込め詐欺以外の特殊詐欺の認知件数は約二八〇〇件で、前年に比べて約二割増加し、被害金額は約一割増加している。類型別では、社債・未公開株等の金融商品等取引名目詐欺は、認知件数、被害額ともにやや減少しているが、ギャンブル必勝法情報提供名目詐欺及びその他の名目詐欺が、認知件数、被害額ともに大幅に増加している。しかし、注意しなければならないのは、金融商品等取引名目詐欺は、振り込め詐欺以外の特殊詐欺全体の認知件数で約七割、被害額で約八割を占め、既遂事件一件あたりの被害額も約一〇〇〇万円と高額になっていることである。

5　特殊詐欺対策

特殊詐欺対策は、警察による対策に尽きると思われるが、警察としても、特殊詐欺対策は、情報通信システムという犯罪インフラを用いての犯罪であり、犯罪の主体が比較的若い組織犯罪グループであり、しかも高齢者の個人資産を被害対象とする犯罪であることから、「姿なき犯罪」と言われる振り込め詐欺に即座に対応することは極めて難しいところである。これまで警察は、被害防止を目的とした各種取り締まりや金融機関等との連携、犯行ツールの供給を阻止するための立法や、広報活動を通しての高齢者の抵抗力の強化を推し進めてきた。その成果もあって、いわゆる振り込め詐欺については相対的に減少してきた感がある。それは金融機関による窓口振込時の声かけや一日あたりのATM利用限度額の抑制、口座開設時の審査の厳格化、警察による凍結口座名義人情報の各金融機関への提供等によるものであろう。

そもそも詐欺罪は、欺罔《ぎもう》行為があって、被害者が錯誤に陥り、被害者自身が任意に財物を交付するというプロセスをたどるものであるから、被害の防止は、過酷な言い方ではあるが、被害者自身が負わなければならない。したがって、被害者の警戒心を高めるために、特殊詐欺が身近な脅威となっていることを、特に六〇歳以上の女性に対して広報活動をすることが大切である。なぜならば、オレオレ詐欺の被害者はその約九割が六〇歳以上であり、その大半が女性である。また、金融商品等取引名目詐欺の被害者も、約九割が六〇歳以上であり、その大半が女性であるからである。

また、特殊詐欺による被害金の交付形態が現金受取型に移行していることに伴って、特にオレオレ詐欺は、東京、埼玉、千葉、神奈川の一都三県に集中していることから、東京では二〇一三年一〇月、「特殊詐欺根絶アクションプログラム・東京」を策定している。さらに、警視庁では、元女性警察官を「警視庁高齢者被害防止アドバイザー」に指定し、高齢者宅への戸別訪問を行い、被害防止を図っている。そして、二〇一三年四月からは、高齢者宅の電話に自動通話録音（警告）機を一万五〇〇〇台用意して設置し、被害防止を図ろうとする施策を展開している。

6　犯罪対策閣僚会議の提言

二〇一三年一二月の犯罪対策閣僚会議の『「世界一安全な日本」創造戦略』においては、「特殊詐欺対策の強化」が提言されている。犯罪対策閣僚会議は、①総合的な特殊詐欺被害防止対策等の推進、②特殊詐欺等に係る犯行ツールの遮断対策の推進、③振り込め詐欺をはじめとする特殊詐欺事件の検挙、の三つを取り上げて、以下のように述べている。

①「総合的な特殊詐欺被害防止対策等の推進」については、「特殊詐欺の被害を受ける可能性が高い者や特殊詐欺に加担するおそれのある少年等へのあらゆる媒体を活用した広報啓発、直接的・個別的な注意喚起、社会全体で被害を防止する体制の構築等を、関係省庁、金融機関をはじめとする関係機関・団体が緊密に連携して実施し、被害防止に努める。また、金融機関における取組の促進、電話等を利用する特殊詐欺の被害防止に資する機器の普及促進、振り込め詐欺救済法等の的確な運用による一層の被害回復を実現し、社会を挙げた特殊詐欺被害防止対策等を推進する」ことが提言されている。

②「特殊詐欺等に係る犯行ツールの遮断対策の推進」については、「特殊詐欺等に係る犯行ツールの遮断対策を推進するため、バーチャルオフィス事業者の約款《やっかん》に顧客の法令違反を解約事由・利用停止事由として盛り込むことの徹底を要請する。また、事業者に対する要請等を通じ、犯行に利用された携帯電話の早期利用停止及び預貯金口座凍結の迅速化と徹底並びに携帯電話・預貯金口座等の契約時等の本人確認の徹底を推進するほか、いわゆる「道具屋」・「出し子」・「受け子」等の検挙等を推進する」ことが提言されている。

③「振り込め詐欺を始めとする特殊詐欺事件の検挙」については、「振込型から受取型への犯行手口の変遷や金融商品等取引名目の詐欺の急増等といった最近の特殊詐欺事件の発生状況等を踏まえ、特に犯行を繰り返すグループに重点を置き、各種特殊詐欺事件の徹底的な取締りを引き続き実施する」ことが提言されている。

7　最善の予防策

高齢者をターゲットにした詐欺は、アメリカでも増加傾向にあり、六五歳以上の高齢者の五人に一人が被害に遭っていると言われている。二〇一〇（平成二二）年の高齢者の被害総額は二九億ドルを超えているとのことであり、車の輸送業者、弁護士、銀行、ＦＢＩ捜査官等の様々な人物になりすました詐欺集団が、「問題を解決するためには金が必要」と送金を促しているということで、わが国の特殊詐欺と同じような犯罪被害が多発しているようである。日米を問わず、「息子や孫が電話で金を要求してきたら詐欺」「金の話題になったら電話を切る」ということが、最善の予防策ではなかろうか。

第十章　無差別殺傷事件の防止とその効果的処遇

1　多発する無差別殺傷事件

二〇〇八（平成二〇）年六月に発生した「秋葉原通り魔事件」に代表されるように、加害者と何ら関係を持たない被害者に対して、「誰でもいいから殺してやりたい」といったような理不尽、かつ了解不可能な動機に基づく無差別殺傷事件が、毎年のように発生している。秋葉原通り魔事件が発生した二〇〇八年に限ってみても、三月には「土浦連続殺傷事件」、七月には「八王子通り魔事件」、そして一〇月には「大阪個室ビデオ店放火事件」が発生している。

このような無差別殺傷事件については、精神科医等による個別的な研究や分析がなかったわけではないが、信頼し得る基礎的データに基づいて、その実態、実情を明らかにした研究は皆無であった。

二〇一三（平成二五）年、法務総合研究所が無差別殺傷事犯の防止と無差別殺傷事犯者に対する適切な処遇の在り方を検討するために、各事犯者の特徴、それぞれの無差別殺傷事件に至る動機、原因、背景と犯行内容や処遇上の特性等を明らかにし、有効な対策を樹立するための手掛かりとなる研究結果を公にした。

以下においては、法務総合研究所の『研究部報告五〇　無差別殺傷事犯に関する研究』を基にして、無差別殺傷事件の特徴と対策について考察する。

2　調査対象事件の選定

無差別殺傷事件については、統計的な把握、系統だった報告等がないため、法務総合研究所では、全国の検察庁へ照会して、無差別殺傷事件に該当し得る可能性がある事件について広く回答を求め、回答のあった事件について判決書等を精査して無差別殺傷事件にあたるかどうかを判断している。

調査対象事件は、二〇〇〇（平成一二）年三月末日から二〇一〇（平成二二）年三月末日までの間に裁判が確定した無差別殺傷事件であって、対象者が刑事施設に入所したものである。こうして選ばれた調査対象者は五二人であった。

この調査対象事件については、検察庁からの判決書、刑事事件記録を取り寄せて内容を調査するとともに、刑事施設において処遇記録等に基づく調査を行い、保護観察に付された者については保護観察所の事件記録に基づく調査を行っている。

また、本調査において無差別殺傷事件とは、一般の人の感覚からは殺意を抱くことが「分かりにくい動機に基づき、それまでに殺意を抱くような対立・敵対関係が全くなかった被害者に対して殺意をもって危害を加えた事件」との定義づけがなされている。

3　無差別殺傷事犯者の特徴

無差別殺傷事犯者の特徴としては、①多くが男性であり、年齢層は一般殺人と比べて若く、高齢者は少ない傾向にある、②単身で生活している者が多く、配偶者と円満な家庭生活を送っている者は少ない、③過去に交際相手がいた者も異性関係が消滅し、犯行時に異性の交際相手がいる者はほとんどいない、④犯行時には友人がいなかったり、交友関係が希薄、険悪である者が多数である、⑤就労経験はあるものの、長続きせず、犯行時には無職であったり、非正規雇用等の不安定な就労状況にある者がほとんどである、⑥経済的にも収入は少なく、経済活動は活発でない者が多い、⑦長期にわたり居住できる安定した住居が得られない者が相当の割合で見られる、⑧周囲との活発な人間関係がなく、社会的に孤立した中で、困窮型の生活を送っていた者が多い、⑨何らかの精神障害等、特にパーソナリティ障害の診断を受けた者が多いが、犯行時に入院して治療を受けていた者は少ない、⑩前科を有する者が約半数であり、その罪名としては粗暴犯が多い、⑪犯行前に問題行動がある者がほとんどであるが、その内容としては自殺企図が多く、特に前科のない者で自殺企図歴が認められる、⑫犯行前に医師等に犯行に関する内的衝動を相談していた者もいる、等の結果を見出している。

4　無差別殺傷事犯の動機と類型

無差別殺傷事件に及んだ動機としては、①自己の境遇に対する不満から犯行に及ぶもの（自己の境遇への不満型)、②特定の者に対する不満から無関係の第三者に対する犯行に及ぶもの(特定の者への不満型)、③自殺できないことから死刑を意図したり、自殺への踏ん切りをつけるために犯行に及ぶもの(自殺・死刑の願望型)、④社会生活への行き詰まりから刑務所へ逃避しようと犯行に及ぶもの(刑務所への逃避型)、⑤殺人に対する興味・欲求を満たすため犯行に及ぶもの(殺人への興味・欲求型)、の五つの類型が見出されている。中には、これらの複数の類型の動機が併存している者もおり、特に、自己の境遇に対する不満によるもの、特定の者に対する不満によるものでは、これらの不満が直接犯行に結び付くものと、これらの不満に基づいて、自殺や刑務所への逃避を考える等、他の類型の動機に派生するものを見出している。

「自己の境遇への不満型」は、自己の不満の憂さ晴らしを目的として無差別殺傷事件に及んだものが多い。例えば、女性との交際関係が終了し、孤独感や不遇感を募らせていたところ、恋人や友達と楽しそうに遊んでいる同世代の者を見たため、自己の境遇に対する不満やいらだちが強まり、犯行に及んだという類型である。

「特定の者への不満型」は、過去においていじめを受けた同級生、不仲となった前妻、自己に対して注意や叱責を加えた職場の上司等のように、犯行前の生活場面で関わりが深かった者に対して恨みや怒りをため込んでいたところ、当該相手が見つけられなかったため、不満や怒りの矛先を全く関係のない他者に向けたものである。

「自殺・死刑の願望型」は、犯罪歴が浅い比較的若年層の者で占められており、全員に自殺企図歴が認められ、犯行前に自殺企図歴がある者は、そのすべてが犯行半年以内に自殺企図に及んでおり、犯罪と自殺企図との関連性が高い類型である。

「刑務所への逃避型」は、有前科者の構成比が高く、少年から高年齢層の者まで、特に年齢分布に目立った傾向は見られない。事件を刑務所入所の手段にできればよいという目的があるためか、確実に攻撃を完遂できる弱者等に向けている。内心の葛藤から犯罪に及んでいるためか、犯行時に逡巡を示していた者が半数を占める。

「殺人への興味・欲求型」は、有前科者が少ないことと、年齢が三〇歳までの比較的若年層に限定されており、全員に計画性があることが特徴となっている。この類型に属する者には、性的動機が介在していたと考えられる者がおり、小児わいせつによりうっぷん晴らしを続けていたところ、刑事ドラマの殺人場面に刺激を受けて犯行に及んでいる者や、人を窒息させる行為に性的興奮を覚える性癖に悩みながらも、衝動を制御できずに犯行に至っている者もいるようである。

しかしながら、事例数としては、「自己の境遇への不満型」によるものが最も多く、次いで「特定の者への不満型」が多いことを明らかにしている。

また、調査対象者は、何らかの理由によって被害者を選定している者が多く、特に、女性、子ども、高齢者が弱者だからという理由で選定されている場合が多い。そのほか、怨恨相手等の投影・代替として選定する場合もあるようである。

受刑歴を有する者では、刑事施設出所後一年未満に無差別殺傷事件に及んだ者が多く、出所後の問題も存在していることがうかがえる。

注意しなければならないことは、無差別殺傷事件の犯行を決意した時点は、犯行当日より相当前から決意していた者は少ないものの、犯行時にいきなり思い立ったものではなく、その前から犯行を決意した計画的犯行が多いということである。また、犯行時に薬物等の使用、飲酒に及んでいた者は少ないようであり、過去の無差別殺傷事件を明確に模倣して犯行を行った者も少なく、マスコミ報道によるアピールを明確に意図していた者も少なかったという結果が見出されていることである。

5　無差別殺傷事犯者の人格特性

無差別殺傷事犯者の人格特性（性格傾向）は、敏感で自己批判・卑下しがちであり、自信がなく悩みやすく、ひがみがちな特徴を持つ者が多い。また、犯行時にいら立ち等の精神的な不調、不安定な状態にあった者が多いことを見出している。無差別殺傷事件を惹起するパターンとしては、恵まれない生活環境の中で希望や意欲を失い、その境遇に関して視野狭窄的で偏った思考の下、不平不満を募らせるというパターンが相当見られたようである。さらに前述のように、無差別殺傷事犯者においては、何らかの精神障害等のある者が多く、特にパーソナリティ障害（病気ではないのに、その人の行動、態度、対人的な関わりあい、思考の様式等が普通の人と変わっていて、そのために自分が悩んだり周囲の人を悩ませたりする病態をいう）の診断を受けた者が多く、その診断に示されるような人格傾向、行動・態度の偏りとの関係がうかがわれることが指摘されている。

6　無差別殺傷事犯者の処遇

これは当然と言えば当然のことであるが、無差別殺傷事犯者は、現行犯逮捕される者、自首する者が多く、裁判においても犯人性が争われることは少ない一方で、責任能力が争われることが多い。そのため、刑事施設における処遇においても、精神・身体上の疾患・障害のため治療の必要性が認められる者が多いようである。

また、自殺企図歴の多さを反映して、自殺、自傷のおそれ等による要注意者・要視察者の指定がなされることが多く、受刑時においても自殺のおそれがなくならない者が相当数に及んでいる。

無差別殺傷事犯者については、事案の性質上、刑事施設内で被害者・遺族への慰藉が処遇目標とされるため、特別改善指導として「被害者の視点を取り入れた教育」が行われている。もちろん、精神障害等の診断を受ける者、性格傾向・対人関係に問題のある者が多いことから、治療等を行うほか、そのほかの処遇上の配慮が必要な者が多いようである。自己の問題性の反省、ゆがんだ価値観の矯正等の資質の改善が処遇目標とされていることは言うまでもない。

また、刑事施設内においては、反則行為によって懲罰を受ける者が多く、しかも、反則行為・懲戒回数が多数回にわたる者が報告されている。そして、このような反則行為が頻発する者は前科を有する事犯者である。また、対人関係の問題から怠役（懲役刑受刑者は刑務作業が義務付けられており、従わなければ怠役と見なされる）する逃避型の反則行為者も存在するようである。

無差別殺傷事犯者については、家族との関係が不良な者が多く、家族による引き受けについて問題が生じる上、更生保護施設における引き受けについても同じような状況が見られ、社会復帰が極めて困難なようである。そのため、仮釈放者が少なく、満期釈放者が多いという現実がある。

7　無差別殺傷事犯者の特徴に応じた対策

本研究においても指摘されているごとく、無差別殺傷事犯者については、共通の特徴を備えていることが必ずしも多いわけではなく、また、頻繁に発生する事犯でもないことなどから、無差別殺傷事犯のみに焦点を当てた予防策を講じることには、費用対効果の観点からやや困難な面があると思われる。しかしながら、無差別殺傷事犯者はいくつかの類型に分けることが可能であり、その特徴に応じた対策は、刑事政策や社会政策上の施策との共通点を有しており、実行可能なものがある。

まず第一に、前科のある者、特に粗暴犯により受刑する者の処遇の充実があげられよう。粗暴犯等の罪名で受刑する者に対して、リスクアセスメントツール等を用いて、粗暴性向、精神障害等の問題性を正確に測定・把握し、その問題性の程度と内容に応じた処遇を進めることは重要であろう。また、これらの者に対して、矯正施設、更生保護機関、さらに地域社会の医療・福祉等の関係機関との間で必要な情報を共有し、連携して、出所後の問題に対応し、対象者を支援していく枠組みを充実、強化していく必要もあろうかと思う。

二〇一二（平成二四）年七月の犯罪対策閣僚会議による「再犯防止に向けた総合対策」においても指摘されているように、社会的孤立を防ぐために、「出番」と「居場所」を作ることが大切であり、そのために行われている各種施策、精神障害等に関する各種啓発活動及び自殺防止対策は、無差別殺傷事犯の防止としても意義を有していると考えられる。

第二に、すでに指摘したごとく、無差別殺傷事犯者は、無職、家庭不和、住居不安定等の犯罪リスクが高い者が多く、これらの犯罪リスクが無差別殺傷事件につながっていると考えられる。また、交友関係、異性関係も希薄であり、社会的に孤立していることが無差別殺傷事犯の特徴であることから考えて、孤立を防ぐことが無差別殺傷事件を防ぐ重要な施策となるであろう。

第三に、無差別殺傷事犯者は、何らかの精神障害等を有している者が多数見られ、そのための偏った思考・認知等が無差別殺傷事件に影響していることが考えられることから、刑事施設、保護観察所等における処遇の担当者が対象者の精神障害等の状況、問題行動を正確に把握することが必要である。無差別殺傷事件においては、精神科医等の専門家による詳細な鑑定が行われており、その鑑定内容には、一般に処遇上も有益な内容・知見が数多く含まれているほか、成育歴、犯行の動機とその形成過程、病歴等の有用な情報は、判決書等の刑事事件記録にも多数含まれている。これらの情報は、精神障害等の問題を有する者を適正に処遇し、改善更生・社会復帰を図るために有用なものであるから、検察庁、刑事施設、地方更生保護委員会及び保護観察所との間で適切な情報共有を図るべきであろう。

第四に、無差別殺傷事犯者は、事案の重大性や対象者の抱える問題性、そのために受け入れ先が見つからないという理由により、多くの者が支援を受けられない状態で社会に復帰することとなり、再犯リスクが高められているという状態になりがちである。したがって、無差別殺傷事犯者の再犯を防止するためには、刑事施設及び地域社会における社会復帰に向けた支援策を充実する必要がある。適性等の問題はあるものの、可能な限り、刑事施設等においては、就労指導や教科指導等の社会復帰に向けた指導・教育を充実させる必要があろう。そして、対象者のニーズを正しく把握し、受け皿の確保、医療・福祉機関等との連携を図っていくことが必要であろう。

第五に、これは当たり前のことであるが、出所後における対象者の再犯を防止しつつ、適切な支援を行うためには、刑事施設等と保護観察所やその他の機関との間で、情報の分断がおきないように配慮することが求められる。そのためには、刑事施設入所中から対象者のリスクアセスメントを行い、その結果を踏まえて、刑事施設、地方更生保護委員会を中心に保護観察所やその他の医療・福祉機関との連携を図り、当該対象者に適した社会内処遇の在り方・支援の在り方を検討する場を構築することが肝要である。

また、専門性のある職員、医師等による刑事施設入所後の精神状況の定期的な把握、複数の関連部署職員から構成されるチーム処遇の実施、パーソナリティ障害等に対する処遇・治療方法の開発も重要なポイントとなるであろう。無差別殺傷事犯者の社会復帰を支援するためには、多機関連携を充実させるためのモデル構築、さらには、無差別殺傷事犯者の特質を職員に正しく理解させるための研修・教育も重要である。

8　無差別殺傷事件の研究の必要性

以上において考察したごとく、無差別殺傷事犯者の人格特性は極めて多様であり、それぞれ本人固有の特性と環境・事情に基づいて、固有の思考過程を経て無差別殺傷事件を起こしており、すぐれて個別的性格を有していることがわかる。また、無差別殺傷事件は、その結果は極めて重大であるが、発生頻度が低いため、無差別殺傷事件のみに焦点を当てた施策を講じることは困難である。本章で紹介した『無差別殺傷事犯に関する研究』は、わが国で初めての総合的な無差別殺傷事件の研究であり、可能な限り無差別殺傷事件を防止し、より効果的な処遇を行うための方策を検討し、できる限りの提言しているところに価値があると言えるであろう。

第Ⅳ部　犯罪者の処遇と更生

第十一章　犯罪者処遇理念としての治療共同体

1　治療共同体の概念

治療共同体あるいは回復共同体（therapeutic community）とは、ある個人の生活環境を変えることで、その環境の圧力とそこに生活している個人の欲求との相互関係を組織的・意図的に組み合わせることにより、個人の行動そのものを変えることを目的とする組織をいう。そして、そこでは、協働的で科学的に裏づけられた処遇プログラムの配分が必要であり、また、環境と一体となってこれらのプログラムを操作し、そこでの経験全体が、自然に改善効果が上がるように意識的にデザインされた施設を用意することが必要となる。したがって、治療共同体とは、施設内処遇の一断面を問題とするのではなく、施設全体を問題とするところに特徴があると言える。

つまり、医師が患者に一方的に治療を施し、医療スタッフと患者とのコミュニケーションも乏しいというような、患者に発言力がない依存的な環境においては、患者は自助努力の機会が奪われており、結果として社会復帰が困難であるとの理論的前提が、治療共同体の考えには存在するのである。そのため、治療共同体においては、医療関係者から患者という上から下へのコミュニケーションだけではなく、患者から医療関係者、患者同士のつながりといった下から上へのコミュニケーション、あるいは横同士のコミュニケーションが重要であると考えられている。このように、治療共同体は、あらゆる者が意見を述べ、治療決定等に参加する機会が与えられることを求めるものであり、一人ひとりの力が最大限に生かされるような環境づくりを設定することで、本人の社会復帰の促進を図ることにその目的がある。

2　治療共同体の沿革

この治療共同体は、もともと精神医学の分野において発達したもので、その先駆的存在は一八世紀及び一九世紀のモラル・トリートメントであると言われている。このモラル・トリートメントの企図したものは、第一に、精神障害者についての伝統的な観念を変えること、第二に、個々人の人間的資質を利用するような風土を施設の中において育むことであり、このようにして精神障害者を人間として処遇し、それらの者の社会的環境を利用することで、個々人の能力を展開させることは、当時においては画期的な試みであった。その後、第二次世界大戦直後のイギリスでは、精神医学分野において戦争に付随した問題を解決する必要に迫られたため、治療における社会的要因の重要性が認識されるに至った。そこで、イギリスの精神科医トーマス・メイン（T. F. Main）は「治療施設としての病院」という論文を発表し、ノースフィールド陸軍病院で行われていたプログラムを紹介するにあたり、「治療共同体」という用語を用いた。これは一九四六（昭和二一）年のことであり、治療共同体を概念化した最初の試みであった。

このメインによって概念化された治療共同体は、後にイギリスの精神科医であるマックスウェル・ジヨーンズ（Maxwell Jones）によって臨床的・論理的に進化され、彼は、戦時受刑者の処遇や産業ノイローゼ・ユニットにおける社会不適応者に対する処遇に際して、治療共同体を取り入れた。とはいえ、当初においては、治療共同体は、概念の不明確さ等を理由に、イギリス以外の国においてはそれほど発展しなかったのであるが、アメリカにおいてアーヴィング・ゴッフマン（E. Goffman）が、精神病院についての研究を行い、「全制的施設」という概念でもって精神病院の社会構造を明らかにしていくにつれて、処遇環境やその組織形態の改善の重要性が主張されるようになり、その結果、アメリカにおいても一九五〇年代後半から、治療共同体の概念が注目を浴びるようになった。そして、この頃から、治療共同体の概念が矯正の分野に導入され始めるようになり、一九六〇年代に入ると、それが世界的にも急激な進展を見せたのである。

3　治療共同体の構成要素

治療共同体は、集団のダイナミックスや相互作用理論等の精神医学的・心理学的な処遇技術を用いるという処遇方法としての側面を持つことのほかに、組織構造的・施設管理的側面を持つものであり、主に三つの特徴から成り立っているとされている。

第一に、治療共同体は、共同参加型の治療プログラムであり、治療共同体においては、患者はグループミーティングで医療関係者と共に処遇決定、運営計画等に参加する機会が与えられ、そこで自己の見解を自由に述べることが求められる。そのため、従来、処遇に関して消極的に関与してきた患者は、積極的に関与することへと移り変わるのである。

第二に、施設の社会構造・社会関係の変化である。患者も自由に医療関係者とコミュニケーションを取る機会が充分に与えられることで、医療関係者と患者の構造がピラミッド型の上下関係ではなく、対等な関係が築かれることとなり、より一体感を醸成しやすい民主的運営形態に移り変わる。このようにして、医療関係者と患者の固定関係を解体し、院外の社会におけるルールと同様の民主的ルールに従った環境構築を目指す取組が、治療共同体なのである。

第三に、職員の役割が、専門家としての役割から非専門家としてのそれへと変化することがあげられる。治療共同体においては、患者自身が職員の行動や態度に影響を与え、治療者としての役割をも担っていると考えられているのである。

これら三つの組織構造的・施設管理的側面と処遇方法としての側面が相まって、治療共同体の概念が構成されており、それが治療共同体の共通の基盤と考えられている。しかしながら、諸外国で行われている治療共同体は多種多様であり、対象者や個人差に応じて、共同参加形態も職員と患者が共に行うものから、運営は職員のみが行うものまで存在する。

4　治療共同体の代表例

諸外国で行われている治療共同体は、現在、統合失調症等の慢性精神疾患、人格障害、学習障害児童、ホームレス、アルコール・薬物等の物質濫用等の処遇に取り入れられている。しかしながら、近年では、薬物中毒者に対する処遇としての治療共同体が注目されており、その取組の代表例として、以下のものがあげられる。

5　アミティ（Amity）

一九五八（昭和三三）年にアメリカのカリフォルニア州オーシャン・パークにおいて匿名禁酒会（Alcoholics Anonymous）の修了者であったチャールズ・デデリック（Charles Dederich）が、シナノン（Synanon）という治療共同体団体を設立した。シナノンでの治療共同体の取組は、薬物中毒者にも適用され、薬物依存からの離脱を目指す者たちが共同生活を行いながら、毎日行われるセミナー・ディスカッションやグループ・ディスカッションに参加することで、運営や処遇決定に共同参加し、集団心理療法を行うというものであった。しかしながら、シナノンは次第に宗教団体へと変質してしまい、それに疑問を感じたナヤ・アービター（Naya Arbiter）が数人の仲間と共に、アリゾナ州ツーソンで新しい共同体を創設した。それが、一九八一（昭和五六）年に設立されたアミティである。創設者の一人であるアービターは、崩壊した家庭に育ち、一〇代の頃から麻薬の密売に関与し、薬物中毒者であった。彼女は、一八歳で薬物関係の罪に問われ、その際にシナノンに入り、薬物からの離脱に成功したのであった。

アミティとは、ラテン語で友愛、友情を意味し、誇り、希望、人間性、ユーモアを大切にすることをモットーとしながら共同生活を行い、薬物や暴力等からの離脱を図ることを目的として治療共同体を運営する非営利団体であり、アリゾナ州、カリフォルニア州、ニューメキシコ州等で、政府からの助成金や基金等を基に活動を展開している。

アミティへの入所は、家族や友人の勧めで入所する場合に加えて、ドラッグ・コート（薬物関連犯罪専門裁判所）で刑務所収容に代替する手段として決定され、入所する場合もある。近年では、ネイティブ・

アメリカンのアルコールや薬物依存の問題が浮上しており、そのためネイティブ・アメリカンの入所の場合やドラッグ・コートでの決定による入所の場合には、入所費用は公的扶助により賄われることとなる。入所期間は、三か月、七か月、一二か月、それ以上と設定されているが、カリフォルニア州の施設は公的扶助による入所者が多数であるため、三か月～六か月の短期入所となっている一方で、アリゾナ州の施設は私費入所が中心となっているため、長期入所が可能となっている。

アリゾナ州ツーソンのアミティの二〇万平方メートルの敷地には、塀もフェンスもない。建物はカラフルにペイントされ、アットホームな雰囲気が醸成されており、プールや娯楽施設も存在する。入居者は一〇〇名程度であり、そこで一定期間共同生活を行いながら、薬物からの離脱を試みる。入居者は一〇代から六〇代までと幅広く、入居期間中、入居者は午前中、大学や仕事に通い、炊事、洗濯、買物、園芸、修繕等の治療共同体を運営するための役割任務を行い、午後にミーティングやワークショップにおいて運営計画を話し合い、また自分の体験を語ることが行われている。自己の経験を語ることについては、一九七〇年代に、著名な精神分析家であるアリス・ミラー（Allice Miller）が「加害者の多くは、かつての被害者である」と主張したことに依拠しており、自己の加害体験を吐露し、潜在していた被害体験を掘り起こすことで、過去から距離をおき、それを捉え直すことになると考えられている。そこでの封印されていた過去を明かす作業は、激しい感情の表出を伴うこともあるため、ミーティング・ルームには円形テーブルにお香やキャンドルが設置してあり、対話しやすい環境設定がなされている。

アミティでは、「安心して語り合える場の確保」が不可欠であるとされており、それには①エモーショナル・リテラシーの育成（感情を在りのままに受け止め、理解し、表現する能力を高めること）、②人格的教育（入居者を犯罪者としてではなく、一人の人間として扱う）、③当事者スタッフの積極的採用（薬物問題や受刑体験を持つ者で、アミティのプログラムを受けて回復した者に専門的なトレーニングを受けさせ、カウンセラーの資格を取得させ、それらの者はインターンの後にスタッフとして認められる）、④被害者性・加害者性双方への視点（加害者は同時に被害者であることが多いことを理解する）、⑤コミュニティという発想（自分が変わることで、周囲も変わると考えること）、⑥過去の記憶と徹底的に向き合う（過去の記憶を辿り、原因を追究する）が条件であるとされている。

具体的には、アミティのプログラムは四つの段階に分かれており、それにはネイティブ・アメリカンの文化である「メディスンウィール」（Medicine Wheel）が取り入れられている。メディスンウィールとは四つの方位にはすべて意味があり、命は東から始まり、北で終わると考えるもので、アミティのプログラムも東の段階から始まり、北の段階で卒業するプログラムとなっている。東の段階ではセルフヘルプ回復のパラダイム、南の段階ではファミリー・ダイナミクス（家族の交流やふれあい等）と基本的心理、西の段階では倫理的成長のための学校としての治療共同体、北の段階ではエモーショナル・リテラシーの育成がカリキュラムのテーマとなっている。

現在、アミティでは施設における共同生活プログラムのほかにも、刑務所内にてアミティのプログラムを行うことや、社会復帰後におけるフォローアップとしての支援も行っており、アミティの活動は広範囲にわたっている。例えば、カリフォルニア州ドノバン刑務所では、アミティが薬物依存者のためのプログラムを展開しており、そこでは服役中の受刑者が実際にスタッフとして働いている。このプログラムの評価としては、プログラムを受講していない受刑者は、再犯率が七五％であるのに対して、プログラムを受講した受刑者は再犯率が二八％となっており、それはプログラムを受講していない受刑者の再犯率と比べて、約三分の一の数値であるとされている。しかしながら、プログラムを受講した受刑者は、出所後においても継続的なフォローアップの支援がなされており、その支援なしではプログラムを受講していない受刑者と再犯率が同一になるという結果も出されている。その意味において、刑務所内でアミティのプログラムを受講した上で、さらに社会内における継続的なケアが必要とされることが認識されている。

なお、日本の島根あさひ社会復帰促進センターでは、アミティのスタッフのスーパーバイズにより策定された、日本版の回復（治療）共同体プログラムが展開されている。センターの回復（治療）共同体ユニットは受刑者六〇名で構成されており、食事、作業、運動、入浴をユニット単位で行い、ユニットの受刑者は自己の体験を振り返り、関係性の修復や道徳心の向上のためにはどのようにすればよいのかを考えるプログラムが組み込まれている。

6　デイトップ・ビレッジ（Daytop Village）

アメリカのデイトップ・ビレッジ（以下、デイトップと略称する）とは、アミティと同様にシナノンの活動に影響を受けた治療共同体であり、デイトップは一九六三（昭和三八）年に精神科医と保護観察官が中心となって創設された社団法人である。デイトップの本拠地はニューヨーク州にあり、その他にも二三の施設が存在する。現在、デイトップは世界治療共同体連盟の設立に重要な役割を果たし、世界各国の治療共同体のモデルともなっており、デイトップの研修を受け、デイトップ・モデルを採用する国は約六〇か国であるとも言われている。

デイトップにおいては、薬物中毒とそれに伴う問題からの離脱のために、若年層から成人までの性別や年齢別によるプログラムのほか、共同生活プログラム、通所プログラムを提供しており、アウトリーチセンターに加え、家族会や地域サービス部門として高齢者への配食、予防教育事業、スタッフ養成訓練センターが存在する。

具体的には、デイトップのプログラムは五つの段階に分かれている。第一段階はエントリー・オリエンテーションであり、ここにおいては簡単な共同体の仕事を行いながら、治療共同体の規律を理解し、共同体や職員と慣れることを目標とする。第二段階は集中的治療期であり、共同体における複雑な仕事を行い、薬物使用者としての行動を修正していく。第三段階は再入準備期であり、共同体において指導的役割を担わせ、治療共同体の外との再社会化を目指し、家族関係の再構築にも取り組む。第四段階は再入期であり、スタッフ予備生としての訓練を行いながら、再発の問題に取り組み、カウンセリングや一二ステッププログラムを受講する。第五段階はアフターケアであり、定期的に治療共同体を訪問し、グループのファシリテーターとして活動を行い、薬物のない生活習慣を身に付けさせる。これら五つのプログラム段階を行うにあたり、それぞれの施設が提供されており、入居者は段階を経る毎に施設を移るというシステムとなっている。

デイトップの入居者の大多数は公的扶助により入居しており、州が長期治療として認可しているため、一年前後の長期的な治療が可能となっている。また、デイトップは男女各一三〇名の施設をいくつも持つ大規模な施設であるため、治療共同体の入居者の任務も混乱することがあり、そのため「ピア・チェッキング」という共同体の仲間同士の監視に重点をおいて運営がなされている。

以上、ここでは薬物中毒者に対する治療共同体であるアメリカのアミティとデイトップを紹介したが、最近においてはスペインのプロジェクト・オンブレが注目されていることも付記しておきたいと思う。

どの治療共同体においても、基本的には同じ社会構造を有しており、階級が上昇していくほど責任感と自由度が増していくというシステムをとっており、これらの治療共同体は、世界における治療共同体の中でもより民主的なプログラムを構成しているものと言える。わが国で実践されている島根あさひ社会復帰促進センターでの回復（治療）共同体の試みが成功を収めることを期待したい。

第十二章　性犯罪者の処遇プログラム

1　性犯罪者処遇プログラム研究会の創設

二〇〇四（平成一六）年一一月の奈良女児誘拐殺害事件を契機として、性犯罪前歴者の情報公開の問題や性犯罪者の再犯問題、あるいは小児性愛者等による重大な性犯罪者に対する処遇の充実の問題等について、具体的な施策を作成すべきであるとの声が高まった。もちろん、これまでに、わが国において、性犯罪者処遇プログラムがなかったわけではなく、矯正の分野では、被害者の視点を取り入れた処遇類型別指導として、自己洞察のため一人二役で手紙のやり取りを行うロールレタリングの手法を駆使した奈良少年刑務所における「異性問題グループ」に対する指導や、問題群別指導の一環として、「性問題群」に対するグループワークを主体とした川越少年刑務所での処遇等、一部の施設においてではあるが、独自に工夫した性犯罪者処遇プログラムが試行されており、また、更生保護の分野においても、一三の保護観察類型別処遇制度の一つとして、大阪保護観察所における保護観察官による直接処遇事例等に代表される、性犯罪対象者に対する特別処遇が展開されていたのである。

しかしながら、残念なことに、わが国においては、アメリカやイギリス、カナダのような、統一的・標準的な性犯罪者処遇プログラムは存在せず、それゆえに、重大な性犯罪者に対する効果的な処遇を実施するための科学的・体系的な再犯防止プログラムを策定することが、喫緊の課題となっていた。そのために、法務省矯正局及び保護局は、二〇〇五（平成一七）年四月に合同で、筆者も参加した、性犯罪者処遇プログラム研究会を立ち上げることとなったのである。

2　矯正施設におけるプログラムの概要

まず、プログラムの基本方針であるが、性犯罪者処遇プログラムの実施目的は、性犯罪者の再犯を抑止し、子どもや女性を被害から守り、社会の安全性を高めることにあり、しかも、矯正施設と保護観察所で行うプログラムは、共通の処遇理論及び技術等に沿って作成されたものであることが要請される。なぜならば、矯正と保護との連携において、従来以上に密接な情報交換を行うとともに、背景理論や対象者のアセスメント、処遇の枠組み、課題等を共通のものとして、連続性の高い処遇を展開することによって、より効果的な再犯抑止を実現することが、その目的となっているからである。

そうした意味合いから、使用するプログラムは、先行する海外の知見を基に、「認知行動療法」を基礎とした処遇プログラムとすることが決定された。つまり、問題行動や症状の発現や維持に起因する自らの認知の誤りや歪みに気づかせ、これを変化させることによって、問題行動を変容・改善させようとする方法が採用されたのである。

3　プログラム対象者と実施体制

矯正プログラムの受講対象者としては、新たに刑が確定した全受刑者を対象に性犯罪者処遇プログラム受講要否を判定するためのスクリーニングを実施し、受講の必要性が認められる候補者に対しては、心理技官による詳細な性犯罪者調査を実施した上で処遇計画を策定し、必要なプログラムを受講させることとなったのである。

そのプログラムの内容であるが、わが国の性犯罪者処遇プログラムは、処遇対象者に、性犯罪を抑止するためのスキルを身に付けさせることを目的としている。そのために、プログラムは、①グループワーク（数名から十数名程度の参加者に二名の指導者）、②ワークブック（プログラム時間外に取り組む課題）、③個別面接（対象者個人の必要性に合せた頻度で実施）の三つの要素から成り立っている。

そして、プログラムには三種の密度を設け、それぞれ、①高密度（全科目を受講）、②中密度（必修科目及び本人の問題性に応じて受講が必要な科目を受講）、③低密度（必修科目のみを受講）とし、調査センターにおける性犯罪者調査を経て、性犯罪につながる問題性が大きい者には高密度、問題性が比較的限定的な者には中密度、比較的小さい者には低密度を受講させることとしているのである。

また、プログラムは、オリエンテーション、第一科から第五科、及びメンテナンスプログラムの七種とし、受講必要性及び本人の問題性に応じて受講科目を設定することとしている（**表2**）。

表2　矯正施設における性犯罪者処遇プログラムの全体構造

科　目	セッション数	高密度	中密度	低密度
オリエンテーション	1～2	必　修	必　修	必　修
第1科　自己統制	26 (12)	必　修	選　択	必　修 (凝縮版)
第2科　認知の歪みと改善方法	11	必　修	選　択	―
第3科　対人関係と社会的機能	9	必　修	選　択	―
第4科　感情統制	8	必　修	選　択	―
第5科　共感と被害者理解	10	必　修	選　択	―
小　計	65～66	65～66	35～58	13～14
メンテナンス	4～	必　修	必　修	必　修
合　計	69～	69～	39～	17～

（注）　各セッションは標準100分、週1～2セッション実施する。
高密度：8か月（週2回の場合）～16か月（週1回の場合）
中密度：4か月（最短、週2回の場合）～14か月（最長、週1回の場合）
低密度：3か月（週1回の場合）

（出所）　法務省矯正局・保護局「性犯罪者処遇プログラムの実施について」2005年12月14日、11頁。

4　矯正施設におけるプログラムの構成

○オリエンテーションプログラム（一～二セッション）：このプログラムにおいては、性犯罪の概要について説明するとともに、プログラムの構造、実施目的を理解させることに主眼をおく。このプログラムでは、性犯罪につながる問題性を助長するおそれがある行動（例えば、子どもを被害者とする性犯罪を行った者が、子どもが多く登場するテレビ番組等を視聴すること、偏った性的認知に基づく写真集、雑誌、書籍等を閲読することの問題性）について説明し、プログラム受講開始前の生活においても、自己規制するように方向づけられるのである。

○第一科　自己統制（全二六セッション。凝縮版は一二セッション）：このプログラムの目的は、①プログラム受講の心構えを養い、参加の動機づけを高めさせること、②事件につながった要因について幅広く検討し、特定させること、③事件につながった要因が再発することを防ぐための介入計画（自己統制計画）を作成させること、④効果的な介入に必要なスキルを身に付けさせること等にある。

○第二科　認知の歪みと改善方法（全一一セッション）：このプログラムの目的は、①認知が行動に与える影響について理解させること、②歪んだ認知を修正し、適応的な思考スタイルを身に付けさせること、③認知の再構成の過程を自己統制計画に組み込ませること等にある。

○第三科　対人関係と社会的機能（全九セッション）：このプログラムの目的は、①望ましい対人関係について理解させること、②対人関係に係る本人の問題性を改善させ、必要なスキルを身に付けさせること等にある。

○第四科　感情統制（全八セッション）：このプログラムの目的は、①感情が行動に与える影響について理解させること、②感情統制の仕組みを理解させ、必要なスキルを身に付けさせること等にある。

○第五科　共感と被害者理解（全一〇セッション）：このプログラムの目的は、①他者への共感性を高めさせること、②共感性の出現を促すこと等にある。

○メンテナンスプログラム（四セッション以上）：メンテナンスプログラムは、本科受講後に実施したアセスメントの結果や、指導担当者の作成した指導計画、その後の受刑生活の様子、本科受講後に経過した期間、メンテナンス編入前の本人の状態等を総合的に判断して、回数及び実施頻度を個人別に設定することとしている。このプログラムの目的は、①出所前に、科目一〜五で学んだ知識やスキルを復習させ、再犯しない生活を続ける決意を再確認させること、②作成した自己統制計画の見直しをさせること、③社会内処遇（保護観察）への円滑な導入を図る等である。

5　保護観察所におけるプログラムの概要

次に、保護観察所におけるプログラムの概要についてであるが、このプログラムは、仮釈放中及び保護観察付執行猶予中の全性犯罪者に対して実施することになっている。罪名のいかんにかかわらず、犯罪の原因・動機が性的欲求に基づく者を対象とするのである。

プログラムの構成としては、認知行動療法の理論を基礎とした「コア・プログラム」を中核的プログラムとして実施するほか、施設において前述の矯正プログラムを受けていない者に対して、「コア・プログラム」の開始前に実施する「導入プログラム」、性犯罪者の生活実態把握と指導を行う「指導強化プログラム」、及び性犯罪者の家族に対し、対象者がこれらのプログラムを受講することへの協力を求め、家族をサポートする「家族プログラム」を実施するのである。

もちろん、このプログラムは、全国の保護観察所において実施するのであるが、実施初年の二〇〇六（平成一八）年度には、東京保護観察所、名古屋保護観察所、大阪保護観察所及び福岡保護観察所に特別処遇実施班を設置し、同班において導入プログラム及びコア・プログラムをグループワーク方式で実施した。その他の施設においては、コア・プログラム及び導入プログラムは、個別指導により実施する。なお、指導強化プログラム及び家族プログラムについては、保護観察官が保護司（社会奉仕の精神をもって、犯罪者の改善更生の援助と、犯罪予防のための世論の啓発に努め、地域社会の浄化を図ることによって、個人と公共の福祉に寄与することを使命とし、保護観察の業務に従事している民間篤志家である）の協力を得ながら個別に実施することになっている。

アセスメントに関しては、矯正施設において実施したアセスメントの結果を引き継ぐとともに、アセスメントが実施されていない仮釈放者及び執行猶予者に対しては、リスク及びニーズに関するアセスメントを行い、プログラムの実施に反映させるのである。性犯罪者アセスメント・ツールについては、矯正施設と同様のものを使用する。

プログラムの内容は、矯正施設におけるプログラムと同様の理念に基づいて、実施対象者に対して、性犯罪に関する自己の問題点を理解させた上で、行動をコントロールする能力を身に付けさせ、問題行動を回避できるようにするためのものとなっている。以下がそのプログラムの主な内容である。

6　保護観察所におけるコア・プログラムの構成

まず、コア・プログラムは、おおむね二週間ごとに一セッションずつ、全五セッションの履修を標準とするが、保護観察期間に応じた回数・頻度による実施を可能とする構成となっている。なお、各セッションの所要時間は一二〇分程度である（**表3**）。

○セッションA　性犯罪のプロセス：性犯罪を惹起するプロセスを分析させ、性犯罪がコントロール可能であると理解させた上で、変化への動機づけを高めるとともに、性犯罪に関する否認・最小化・合理化・正当化の低減を図ることを目的とする。このため、本セッションでは、まず、一般的な性犯罪モデル（性犯罪のサイクル：問題のない状態→日常のできごと・きっかけ→犯罪的な空想やポルノ、マイナスの感情の蓄積→危険な状況→性犯罪実行→犯罪後の行動・感情、自分への言いきかせ→日常のできごと・きっかけ）を理解させた上で、これを活用し、対象者自身が性犯罪を惹起するサイクルを自覚させ、これを分析するこ

表3　保護観察所における性犯罪者処遇プログラムの種類

対象者＼種別	仮釈放者	執行猶予者
標　準	導入＋コア＋指導強化（＋家族）	導入＋コア＋指導強化（＋家族）
保護観察期間が3か月未満	指導強化（＋家族）	
矯正施設でのプログラム修了者	コア＋指導強化（＋家族）	
重度の精神障害者、発達障害者（知的障害者を含む）、日本語を解さない者等	指導強化（＋家族）	指導強化（＋家族）

（出所）法務省矯正局・保護局「性犯罪者処遇プログラム研究会報告書」2006年3月、25頁。

とを内容とする。

○セッションB　認知の歪み：本セッションでは、第一に、認知の歪みが性犯罪を促進していることを理解させた上で、認知の歪みを変化させることにより性犯罪をする可能性を軽減できるという動機づけを高めさせる。第二に、対象者自身の中にある女性や子どもに対する認知の歪みを把握させ、社会適応的な認知に修正させることを目指す。第三に、対象者自身に、自己の認知の歪みを把握させることを通じて、対象者自身が自己の惹起した性犯罪に向き合い、自己の行為への責任を自覚させることを目指すのである。

○セッションC　自己管理スキルと対人関係スキル：セッションA及びBが性犯罪のサイクルや認知を理解するための概念的なセッションであるのに対して、セッションCは、自分の感情を覚知・統制したり、対人関係を円滑にするためのスキルの学習を目指すセッションである。

○セッションD　被害者への共感：本セッションは、A～Cのセッションを終えた後で実施することが望ましい。これは、対象者自身の変化しようという意欲がある程度高まり、自己が起こした事件や与えた被害についての否認や最小化が軽減されていることが前提となるためである。

本セッションでは、自己の犯罪が被害者に与えた影響を理解させ、被害者への共感性を高めさせ、再犯をしないことへの動機づけを高めることを目的とするのである。

○セッションE　再発防止計画：自分をコントロールすることにより性犯罪をやめることは可能であることを理解させ、そのための具体的な計画を策定させる。また、性犯罪のない生活を維持する気持ちを強化し、再犯しないことへの動機づけを高めることを目的とする。この目的のため、本セッションでは、性犯罪のサイクルを復習させた上で、対象者自身が犯罪を起こすきっかけや危険な状況を特定させ、これらの状況に陥ったときの対処法を考えさせるのである。その上で、プログラムの総まとめとして、再発防止計画を策定させ、以後の生活目標を立てさせるのである。

以上のコア・プログラムは、原則として、対象者に保護観察所に出頭させて受講させる。東京、名古屋、大阪及び福岡の各保護観察所においては、コア・プログラムをグループワーク形式で実施するが、その場合には、八名程度の受講者及び二名程度の指導者によりグループを形成する。グループワークに参加する対象者のメンバーは流動的とする。なお、グループワーク実施時の指導者は、望ましい男女の関係を築くモデルとなることから、できる限り男女のペアとする。また、個別指導により実施する施設にあっては、保護観察官が単独、あるいは複数で指導する。一回の時間は、一二〇分を基本とする。

○導入プログラム：導入プログラムは、コア・プログラムを受講させる前に、同プログラムの理解の促進を図るとともに、同プログラム受講の動機づけを高めることを目的とする。

導入プログラムは保護観察開始後、すみやかに実施することとする。回数は一回ないし数回とする。

基本的には、保護観察官が個別に面接形式で実施するが、グループワーク形式により実施することも可能である。内容としては、コア・プログラム受講にあたって必要な心理教育を行うとともに、実施に際してのルール等について理解させ、コア・プログラムの受講に向けての動機づけを高めるためのものである。

○指導強化プログラム：保護観察官の直接的関与の強化及び保護司との密接な接触により、対象者の生活実態を把握し、必要な指導助言を行うことによって、再犯を防止することを目的とする。このプログラムは、保護観察期間を通じて実施する。

具体的には、保護観察官及び保護司がリスク・ニーズに応じて定められた頻度で定期的に対象者と面接し、生活実態を詳細に把握した上で、対象者の状況に応じて必要な指導助言を行うのである。

○家族プログラム：対象者の家族に対し、性犯罪の発生のメカニズムと対処方策を理解させるとともに、家族をサポートすることにより家族の苦痛を軽減させ、家族の機能を高めることを目的としたものである。実施対象者の環境調整期間又は保護観察期間中において必要に応じて随時実施する。

保護観察官又は保護司が、対象者の家族等に面接し、コア・プログラムの概要について説示し、家族として必要な知識を理解させるほか、性犯罪者を家族に持つ苦労等に耳を傾け、家族をサポートすることにより、その苦痛を軽減させ、更生の援助者としての家族の機能を高めるよう働きかけるのである。なお、このプログラムは、性犯罪対象者の家族、引受人のうち、同意を得られた者のみに実施する。

なお、仮釈放期間が不充分（三か月未満）である者、重度の精神障害者、発達障害者（知的障害者を含む）、日本語を解さない者等については、コア・プログラムの対象から除外することとしているが、除外された者については、指導強化プログラムを特に強化する等して、再犯を防ぎ、生活の安定を図ることとなっている。

以上がわが国の性犯罪者処遇プログラムの概要である。法務省が行った評価研究では、プログラム開始の二〇〇六年からこれまで、一年度あたり約四五〇人に対し処遇プログラムを実施する体制を採っているが、受講前後でプログラムが目指す方向への望ましい変化が見られたことを報告している。

第十三章　女性犯罪者の処遇の現状と課題

1　最近注目される女性による犯罪

最近になって、女性犯罪が改めて刑事政策の重要課題となっている。二〇一二（平成二四）年には、『法務総合研究所研究部報告四八　女性と犯罪（動向）』が公刊され、同年七月には、犯罪対策閣僚会議が「再犯防止に向けた総合対策」において、再犯防止の重点施策の一つとして、「女性特有の問題に着目した指導及び支援」を掲げている。

また、二〇一三（平成二五）年六月には、女子刑務所のあり方研究委員会が中間報告書を法務大臣に提出し、国連アジア極東犯罪防止研修所も第一五三回国際高官セミナーにおいて、「女性犯罪者の処遇」をテーマとしている。そして、法務総合研究所は、『二〇一三（平成二五）年版犯罪白書』において、「女子の犯罪・非行」を特集しており、二〇一四（平成二六）年二月の『刑政』誌においても、「特集　女子刑務所のあり方を考える」が掲載されている。

以下においては、『二〇一三年版犯罪白書』のデータを参照しながら、わが国の女性犯罪の現状やその特徴的な傾向並びに女性受刑者の処遇と再犯防止について考察してみることにしたい。

2　女性犯罪の特徴的な傾向

『二〇一三年版犯罪白書』は、『一九九二（平成四）年版犯罪白書』の「女子と犯罪」の特集以来二〇年ぶりに「女子の犯罪・非行」を特集し、バブル経済崩壊以降の長期的経済不況の中で、女性犯罪がどのように変貌してきたかを分析している。

『一九九二年版犯罪白書』が、高度経済成長を背景とした女性の社会的進出と女性犯罪の増加について、その関連性を解明しようと試みたのに対して、『二〇一三年版犯罪白書』は、長引く景気低迷の影響、急速な少子高齢化、インターネットや携帯電話の普及に伴う高度情報化社会の進展、男女共同参画社会基本法（平成一一年法律第七八号）の制定による様々な施策の実施等の現状を踏まえて、女性特有の問題に着目し、再犯防止と今後の方策について検討している。

まず、全般的な女性被収容者の特徴であるが、①女性受刑者数は急速に増加を続け、全受刑者数が二〇〇六（平成一八）年をピークに減少しつつあるのに対して、女性受刑者は二〇〇六年以降も高止まりの傾向にある。②覚せい剤取締法違反や窃盗が多数を占める。③高齢者が増加し、罪名は窃盗の占める割合が高い。④無職者の割合が高い。⑤被虐待体験や性被害による心的外傷、摂食障害の問題や、家族関係や異性関係における問題を抱えるものが多い、ということが指摘されている。

次に、女性の一般刑法犯についての推移に関してであるが、検挙人員については、一九八一（昭和五六）年から八万人前後で推移していたが、バブル経済の崩壊が始まった一九九二（平成四）年の五万二〇

図8　女子の一般刑法犯検挙人員・人口比・女子比の推移

（昭和21年～平成24年）

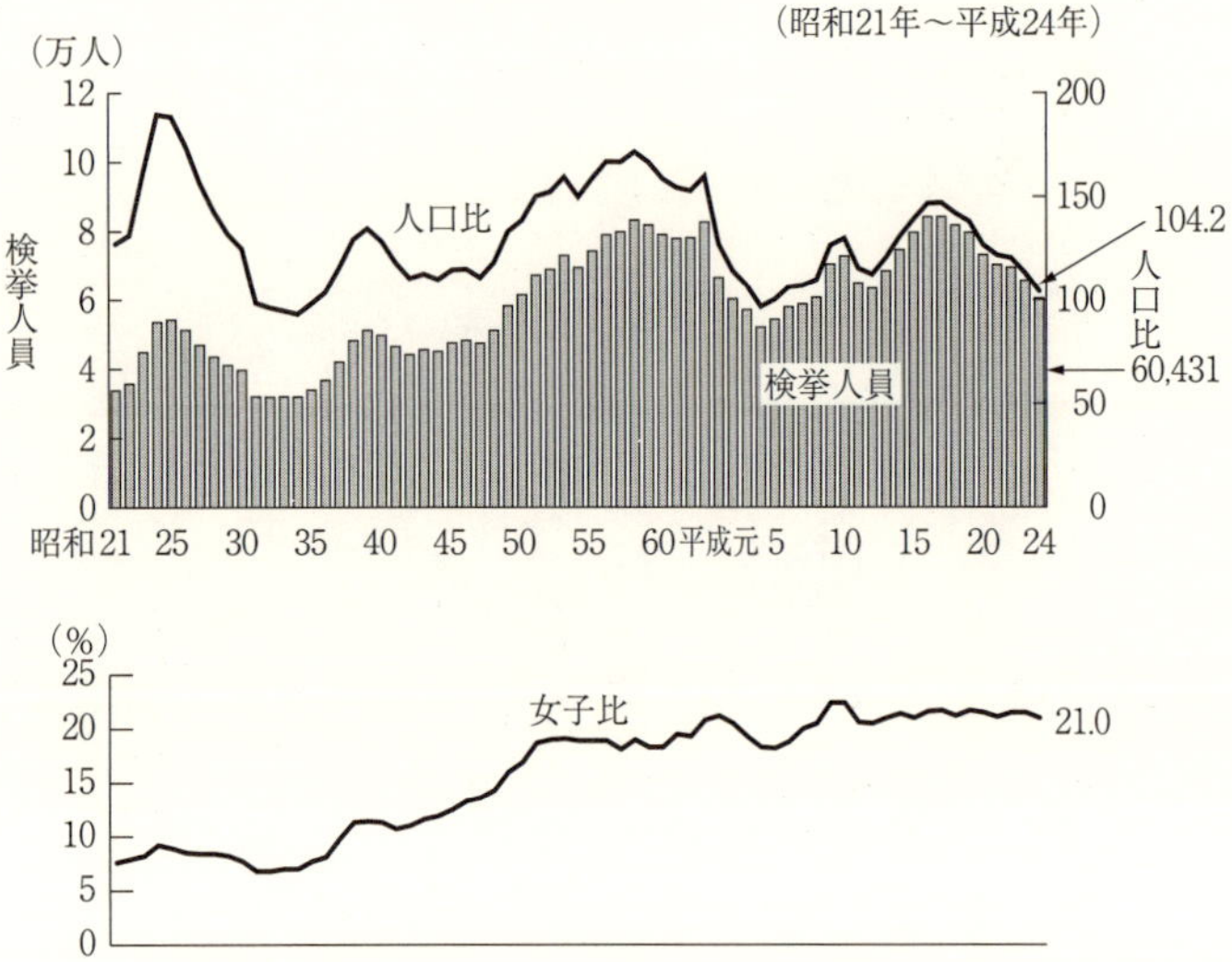

（注）　1：警察庁の統計、警察庁交通局の資料及び総務省統計局の人口資料による。
　　　2：昭和 30 年以前は、14 歳未満の少年による触法行為を含む。
　　　3：昭和 40 年以前は、業務を除く刑法犯である。
　　　4：「人口比」は、14 歳以上の女子 10 万人当たりの一般刑法犯検挙人員である。
（出所）　法務省「2013（平成 25）年版犯罪白書」2013 年，181 頁。

三〇人を底として、一九九三（平成五）年から増加傾向となり二〇〇五（平成一七）年には戦後最多の八万四一七五人を記録した。その後、再び減少に転じ、二〇一二年は、六万四三一人となっている。人口比は、検挙人員の推移と同様であるが、女性比は、おおむね二割前後であり、女性犯罪の希少性の仮説は健在であると言えよう（**図8**）。

年齢別構成比の推移で特徴的なのは、前述のごとく、高齢者の占める割合が顕著なことであり、二〇一三年には、高齢者が二七・三％と、一九九三年の五倍であり、一般刑法犯による高齢者の検挙人員の三人に一人が女性であった。

また、罪種別構成比では、窃盗が八割近くを占めており、男性の約二・五倍である。年齢層別に見ると、女性の高齢者では、窃盗は九割強を占めており、特に、万引きの占める割合が約八割にも及んでいる（図9）。

次に、交通法令違反を除く特別法犯（刑法犯以外の罪をいい、条例違反を含む）について送致人員（警察等が送致・送付した事件の被疑者の数をいう）等の推移を見ると、送致人員は、一九八七（昭和六二）年まではおおむね二万人以上であったが、その後減少し、二〇〇三（平成一五）年からはおおむね一万一〇〇〇人台で推移し、二〇一二年には一万二七三人であった。女性比は、一九九二年以降低下傾向にあり、一九九三年の一九・一％が二〇一二年には一四・八％になっている。女子少年（二〇歳未満）比も、一九九三年には三三・一％であったものが、二〇一二年には一三・一％となっている。

特別法犯の送致人員を罪名別で見ると、覚せい剤取締法違反の占める割合が二二・一％と最も高く、次いで、軽犯罪法違反の一二・九％、風営適正化法違反の一〇・六％、未成年者喫煙禁止法違反の九・二％となっている（図10）。

検察・裁判段階において特徴的なのは、起訴猶予率の推移である。女性の起訴猶予率は、二〇〇六年までは六割台で、二〇〇七（平成一九）年からは六割に満たない割合で推移しているものの、男性に比べ、より高い。これは二〇〇六年に窃盗罪に罰金刑が導入されたことに起因するものであると思う。その証拠に、女性の窃盗の起訴猶予率は、罰金刑が導入される前の二〇〇五（平成一七）年には七四・七％であったが、罰金刑が導入された翌年の二〇〇七年には六二・二％と低下し、それ以降、六〇％から六二％の間で推移している（図11）。

女子少年の場合、審判不開始となった者の割合が五割以上を占めており、男子少年に比べて高い。また、少年院送致となった者の割合は、女子少年は男子少年の約半分であった。

すでに指摘したごとく、矯正段階における女性受刑者の実情を見ると、全受刑者数が二〇〇六年をピ

図 9　一般刑法犯検挙人員の男女別・罪名別の構成比

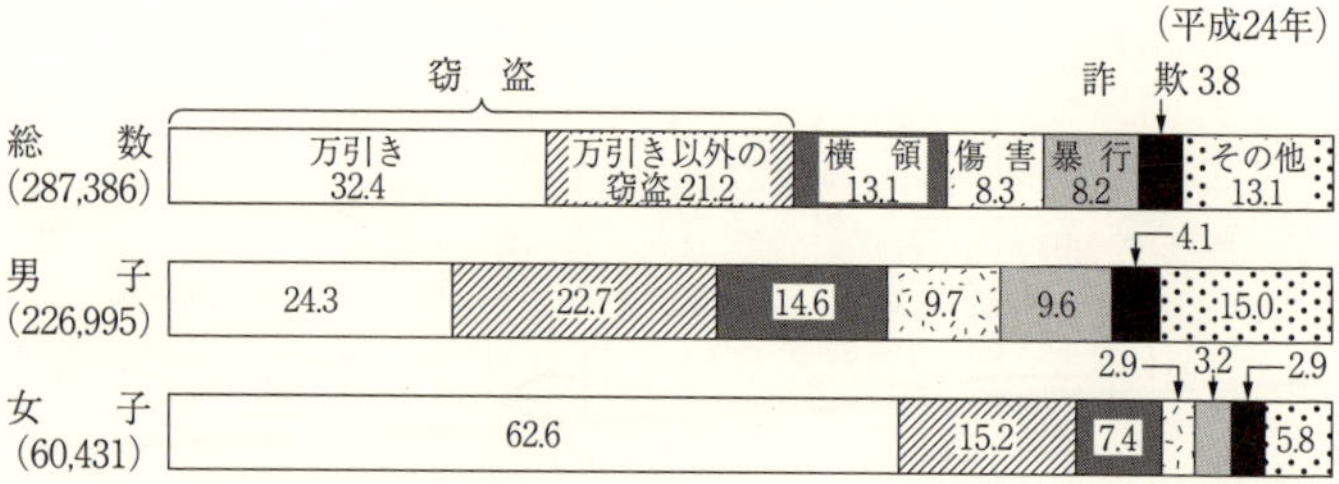

（注）　1：警察庁の統計及び警察庁交通局の資料による。
2：「横領」は、遺失物横領を含む。
3：（　）内は、実人員である。
（出所）　法務省「2013（平成 25）年版犯罪白書」2013 年，182 頁。

図 10　女子の特別法犯送致人員・女子比の推移

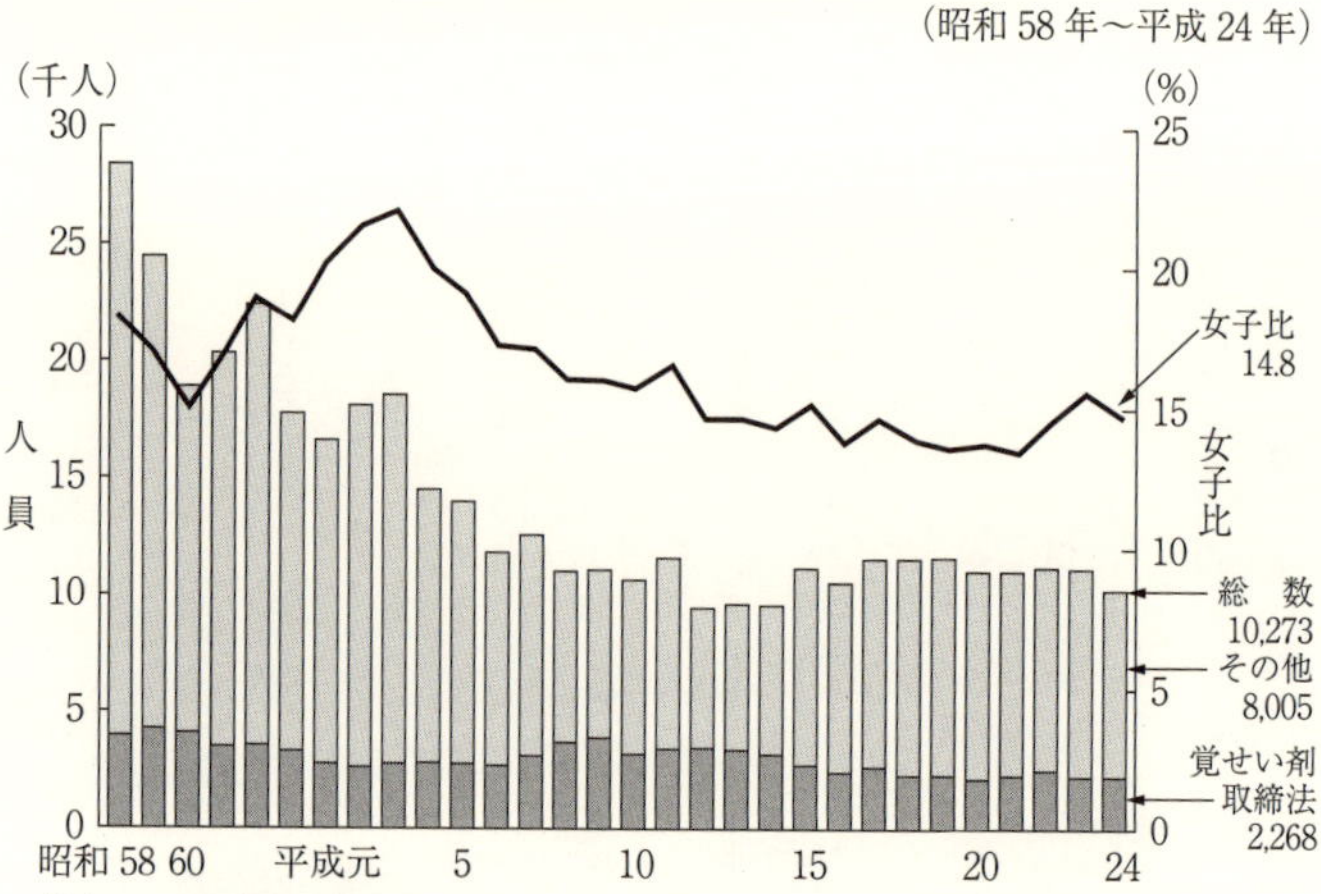

（注）　1：警察庁の統計による。
2：平成 15 年までは交通関係 4 法令違反を除き，16 年以降は交通法令違反を除く。
（出所）　法務省「2013（平成 25）年版犯罪白書」2013 年，183 頁。

図 11　女子の起訴・不起訴人員等の推移

（平成 5 年〜24 年）

①一般刑法犯

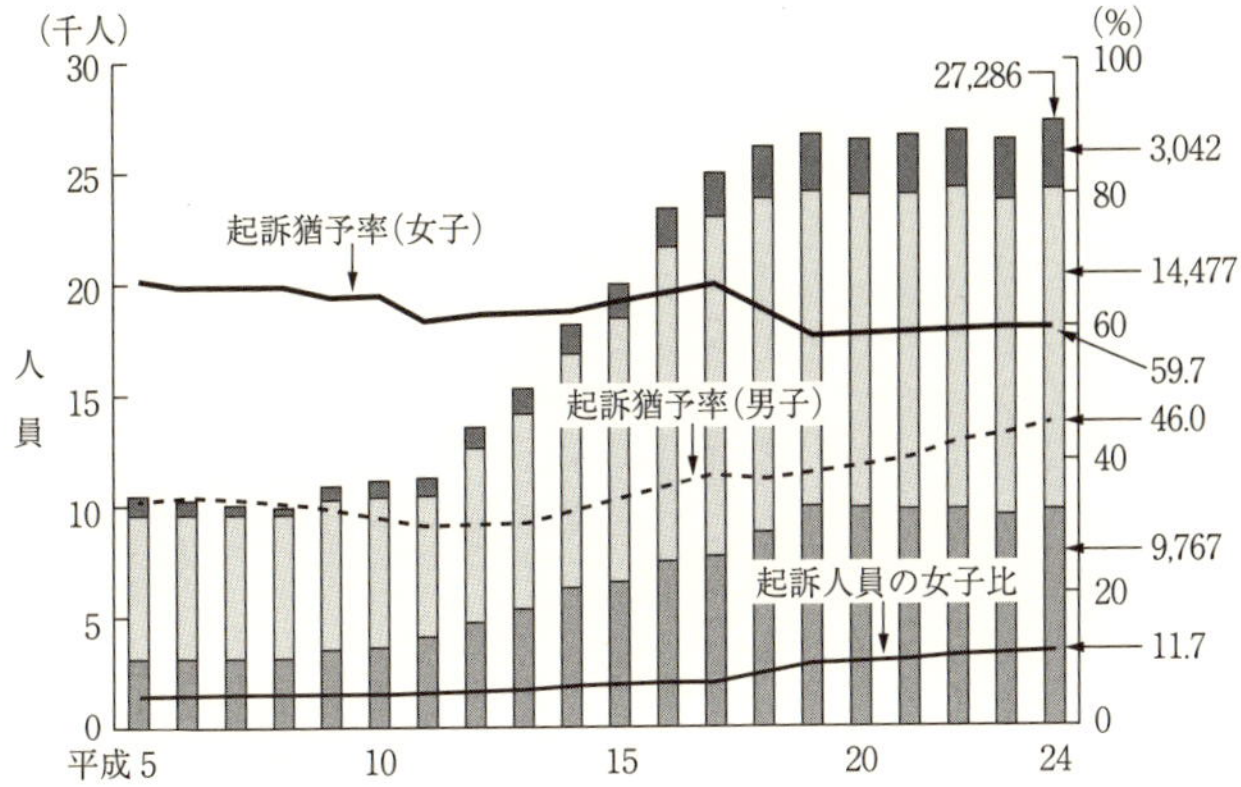

②特別法犯（道交違反を除く）

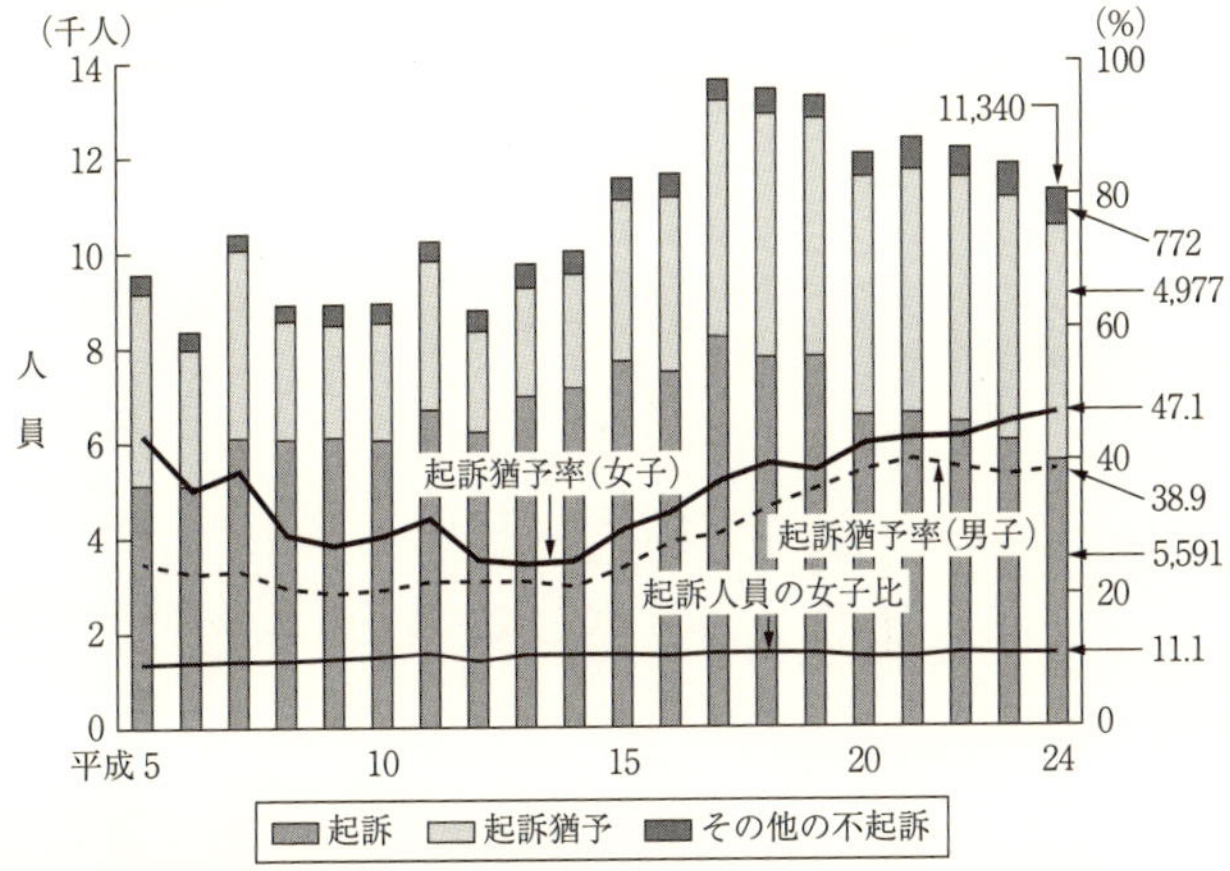

（注）　検察統計年報による。
（出所）　法務省「2013（平成 25）年版犯罪白書」2013 年，186 頁。

図12　女子の入所受刑者の人員（罪名別）・女子比の推移

（平成5年〜24年）

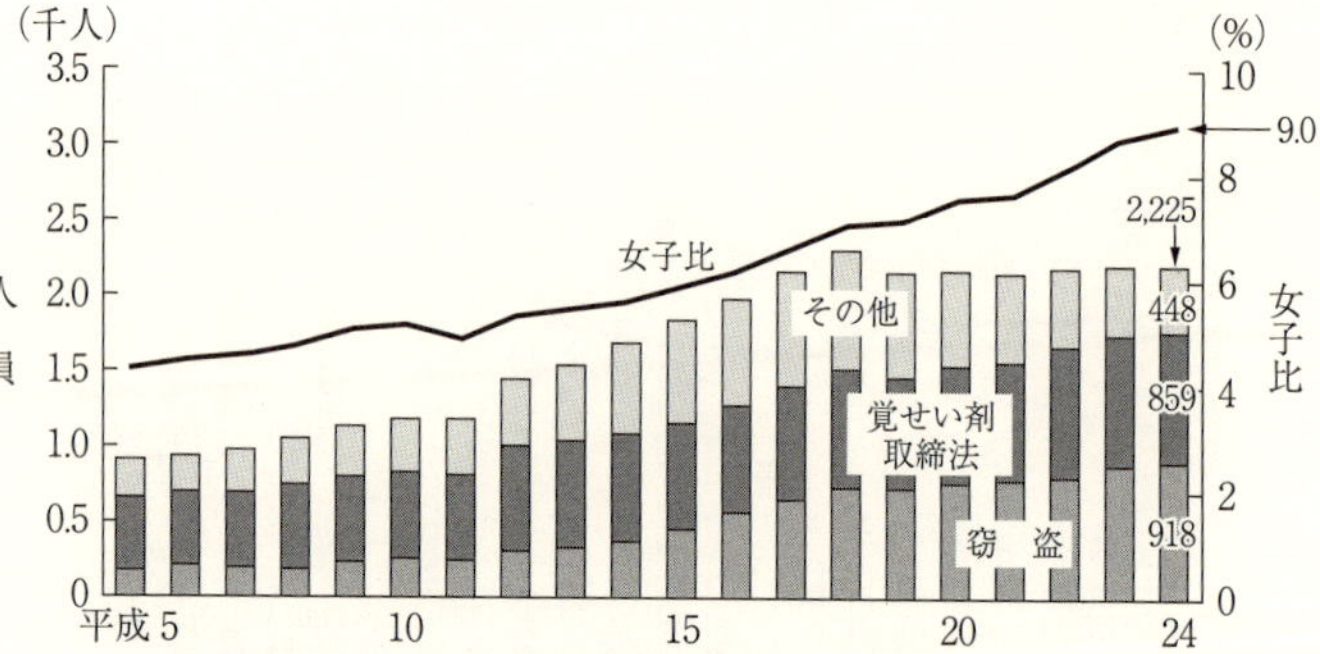

（注）　1：矯正統計年報による。
　　　　2：「女子比」は、入所受刑者数に対する女子の比率を示す。
（出所）　法務省「2013（平成25）年版犯罪白書」2013年，189頁。

ークに減少しつつあるところ、女性受刑者は二〇〇六年以降も高止まりの傾向にある。また、女性受刑者は、覚せい剤違反者と窃盗が多数を占め、高齢者の増加が著しく、その罪名は窃盗の占める割合が高い。また、約八割が無職者であり、五年以内の累積再入率は三〇・五%である。さらに、女性受刑者は、精神障害を有する者の比率が一五・四%であり、男性受刑者（七・五%）の二倍強である（**図12**）。

特に、女性受刑者に特有の問題として、被虐待体験や性被害による心的外傷あるいは摂食障害の問題や、家族関係や異性関係における問題を抱えており、特別な処遇の必要性が指摘されている。犯罪対策閣僚会議もこの点を踏まえ、二〇一二年七月の「再犯防止に向けた総合対策」において、「近年における女性受刑者の増加に対し、薬物事犯者の占める割合の高さや高齢者における窃盗の占める割合の高さ等、女性に特徴的な傾向を分析し、更に効果的な指導・支援方策を検討する。また、過去の被虐待体験や性被害による心的外傷、摂食障害等の精神的な問題を抱えている者に対し、社会生活への適応のための支援方策を検討する」として、女性特有の問題に着目した指導及び支援を再犯防止策の要としているのである。

現在、女性受刑者の刑事施設として指定されているのは、二〇〇四（平成一六）年までは、札幌刑務支所、栃木刑務所、笠松刑務所、和歌山刑務所、岩国刑務所及び麓刑務所の六施設であったが、二〇〇五年四月に福島刑務支所が開設され、二〇〇七年四月には、美祢社会復帰促進センターで女性受刑者の収容を開始した。また、二〇〇七年には大阪医療刑務所に、二〇一一（平成二三）年には、北九州医療刑務所に女区が増設され、同年一二月には、加古川刑務所に女区が増設された。さらに、二〇一四年四月には、西条刑務支所が女性受刑者収容施設となった。

このように、六つの刑務所、三つの刑務支所、三つの女区が収容を開始したことから、過剰収容問題は解消に向かっているが、標準的な改善指導プログラム等が男性中心のものとなっている中で、女性受刑者特有の問題にどう対応するかが重要な課題となっている。さらに、現在では、すべての女性刑務所に就労支援スタッフが配置され、就労意欲喚起を含めた指導、ハローワークと連携した就労支援に取り組んでいる。

3　女子少年院における処遇

少年院は、在院中に行われる社会復帰支援や家族関係の調整、さらには保護者に対する働きかけが実施しやすいように、全国八つの矯正管区単位に設置されている。二〇一四年一月現在、少年院は、全国に五二庁（分院二庁を含む）あり、そのうち女子を収容する少年院は、一般少年院九庁、医療少年院二庁である。

少年院では、在院者に共通する特性や教育上の必要性に応じて集団を編成して処遇を行っている。処遇課程として一七コースが用意されているが、実質上は一人ひとりのニーズを踏まえた手厚い処遇がその特徴である。

女子少年は、家庭での虐待や性被害等の被害経験があり、深刻なトラウマを抱えている少年が多いことから、女子少年院での処遇では、まずは、少年院が安全な場所であり、他者に傷つけられることなく安心して過ごせる場所であることを認識させることが肝要である。そのために、多くの少年院においては、収容期間全体を通して、一人の教官が特定の少年の面倒を見るという、「個別担任制」を採用しており、そうすることで、少年との間に信頼関係が醸成されるように工夫されている。

また、少年院では、性、薬物、家族問題を中心に、窃盗や粗暴非行等の共通の問題を抱える少年を小グループに編成する、「非行態様別指導」が実施されている。また、自己認識の力を高め、自分の気持ちや考えに振り回されずに柔軟に対処し、適切な行動を選択する力を身につけさせる指導として、アンガーマネージメント（怒りの感情をコントロールする技術）のような新しい指導方法も採用されている。

自己表現力を向上させ、自己イメージを回復させる取組は、伝統的に女子少年院で行ってきたことであり、地域の伝統芸能等を取り入れて処遇の一環としている施設もある。

4　女子刑務所のあり方研究委員会

二〇一三年三月、社会福祉法人南高愛隣会の「共生社会を創る愛の基金」の支援を得て、「女子刑務所のあり方研究委員会」が発足し、六月二一日には、中間報告書が法務大臣に提出された（この報告書では、女性刑務所ではなく、女子刑務所という言葉が使用されている)。内容は未だ提言の域を出ないが、再犯防止の上からも重要な施策が提案されているので、簡単に紹介してみたい。

まず、「女子刑務所の本来のあり方について」であるが、①女子受刑者には男子受刑者とは異なる配慮が必要であり、その点を踏まえ、女子刑務所の処遇のあり方を検討し、抜本的な改革を行うべきである。②女子刑務所の再犯防止等本来の目的を達成するため、外部の識者の意見も取り入れて、今後のあり方を検討するとともに、実効性のある改善策を早期に策定し実行すべきである。③地域の福祉・医療関係団体等とともに、女子刑務所が地域の各種団体や人材の協力・支援が得られる枠組みをつくるべきである、等の提言がなされている。

「社会復帰を見据えた就労支援及び改善指導のあり方について」は、①社会復帰を見据えて行う家族関係の調整、職業指導と就労支援の充実や男子に比べ極端に引受人や住む場所の少ない女性の受け入れ先を拡充すべきである。②女子受刑者固有の問題、例えば男性との関係、薬物依存、自立生活を送るための生活力(貧困対策を含む)等についての改善指導の充実に向けた、効果的な手法について早急に検討すべきである、との指摘がなされている。

「被収容者の高齢化や精神・知的・身体障がい者などの増加に伴う福祉との連携のあり方について」では、「高齢化する女性や精神・知的・身体障がいのある女性さらには性同一性障がい者に対する処遇改善等を図るため、福祉との連携を強化し、福祉の視点からの支援を拡充すべきである」として、これまで以上の福祉との連携を強調している。

「女子刑務所における健康維持・医療措置のあり方について」は、①女性固有の医療のあり方について検討すべきである。②妊産婦・出産して子育てをしている受刑者、さらにその子どもに対する支援を拡充すべきである。③現職及び家庭等に潜在する女性医師・看護師・助産師等の積極的な活用を図るべきである、との課題が設定されている。

「女子刑務所の過剰収容の解消及び処遇環境の整備・拡充」については、①再犯防止のための適切な処遇環境の確保及び職員負担率の緩和を達成するため、既存の男子施設の転用等の可能性も検討しつつ、収容能力拡大策を講じ、過剰収容の解消及び適正な収容率を確保すべきである。②被収容者の高齢化や精神・知的・身体障害者等の増加に伴い処遇に配慮を要する被収容者が急増する等、収容対象者の質の変化に即した居室及び処遇環境の整備充実を図るべきである、との既存の課題の解消策が提案されている。実際に、二〇一四年四月からは、西条刑務支所が女子施設へ転用されることになり、過剰収容の問題はほぼ解消されたと見てよいであろう。

最後に、「職員の確保及び研修等の充実」という項目において、①職員の負担を軽減するための方策の検討、②職員が効果的に業務を執行できるよう、女子受刑者の処遇の実際において役立つ知識等を身につけるための職員研修の実施が指摘されている。「女子刑務所のあり方研究委員会」の今後の検討結果に期待したいと思う。

5　保護観察における女性の対象者

保護観察における女性の対象者であるが、二〇一一（平成二三）年の『保護統計年報』によると、交通短期保護観察事件を除いて、新たに保護観察に付された者の総数は、三万六九二三人であり、そのうち女性は、四四〇二人である。

保護観察開始人員を罪名別・男女別に見ると、保護観察処分少年では、男女とも、窃盗、傷害、道交法違反の順となるが、仮退院者は、女子少年が窃盗、覚せい剤取締法違反、傷害の順となり、男子少年と異なる。

仮釈放者は、男性が窃盗、覚せい剤取締法違反、詐欺の順となり、女性は、覚せい剤取締法違反、窃盗、詐欺の順となっている。

保護観察付執行猶予者については、男女とも、窃盗、覚せい剤取締法違反、傷害の順となっている。少年の覚せい剤取締法違反は数としては少ないが、男子少年と比べて女子少年が占める割合が高い。成人、少年にかかわらず、女性の対象者に薬物問題を抱える者が多いと言えるであろう。

女性の出所受刑者の特徴としては、年齢層が高い者ほど仮釈放率は低くなる傾向にある。また、女性の満期釈放者の三割近くが、家族や知人のもとや適切な施設に帰住していないのである。

二〇一二（平成二四）年の女性出所受刑者のうち、出所時の年齢が六五歳以上の者に限って帰住先を見ると、仮釈放者において比率が高いものは、「その他の親族」（三五・八％）、「配偶者」（二七・九％）、「更生保護施設」（二三・二％）であり、満期釈放者では、「その他」（三二・八％）、「その他の親族」（二四・六％）、「社会福祉施設」（一三・九％）であった。

六五歳以上の高齢者に対しては、就労支援はかなり厳しいであろうと思うが、帰住先の確保すらままならないというのでは、再犯防止のための「出番」と「居場所」の確保は「夢のまた夢」となってしまうであろう。

こうした女性の対象者の抱える問題の解決には、社会福祉機関のみならず、様々な関係機関・団体との連携が必要であり、多機関連携を重要課題とすることが望まれる。

6　女性犯罪者処遇プログラム策定の必要性

以上において見たごとく、女性犯罪者の処遇に関しては、まだまだ検討しなければならない課題が山積していると言える。幸いにも、法務省矯正局では、女性刑務所が現在行っている取組を分析し、外部専門家の意見も聴取しながら、被虐待体験、性被害、ＤＶ被害等による心的外傷、摂食障害、人間関係における依存的傾向等、女性特有の問題に関わる対応のほか、母親教育、金銭管理、性の問題、就労支援等への働きかけを含む指導プログラムを策定する意向のようである。

また、女子少年についても、家族との関係、異性問題等のほか、同様の課題を抱えている者に対する処遇方針や社会復帰支援策を、未成年であることに配慮した内容・方法により策定する必要があることも主張している。

刑務所への再入割合の増加に加えて、処遇に配慮を要する対象者の増加や、六五歳以上の高齢者の割合や精神障害者の割合の急増等、最近の女性受刑者の質の変化を考えるとき、まず何よりも、女性受刑者の処遇と再犯防止に焦点を合わせた諸施策の展開が重要なのではあるまいか。

第十四章　新たな再犯防止対策としての社会貢献活動

1　社会貢献活動の在り方を考える検討会

二〇一二(平成二四)年七月、犯罪対策閣僚会議の「再犯防止に向けた総合対策」において、再犯防止のための重点施策に、社会における「居場所」と「出番」を作ることが盛り込まれ、その具体的方策の一つとして「社会貢献活動による善良な社会の一員としての意識の涵養」が掲げられた。

これを受けて、法務省では、「刑法等の一部を改正する法律案」及び「薬物使用等の罪を犯した者に対する刑の一部の執行猶予に関する法律案」を国会に提出し、両法律は二〇一三(平成二五)年六月一三日に可決・成立し、同月一九日に公布された。

これに伴い、更生保護法もその一部が改正され、保護観察の特別遵守事項の類型の一つとして、新たに「善良な社会の一員としての意識の涵養及び規範意識の向上に資する地域社会の利益の増進に寄与する社会的活動(いわゆる「社会貢献活動」)を一定の時間行うこと」が加えられ、公布後二年以内、すなわち二〇一五(平成二七)年六月までに施行することとされた。これにより、施行後は、保護観察対象者に対して、その改善更生のために特に必要と認めるときは、社会貢献活動を行うことを特別遵守事項として義務づけることができるようになったのである。

法務省では、このような経緯を踏まえて、本格実施に先立ち、保護観察所におけるこれまでの先行実施の取組を検証し、適切な対象者の選定の在り方、処遇効果の高い活動の在り方及び関係機関・団体との連携の在り方等について検討することを目的として、保護局長の下に「社会貢献活動の在り方を考える検討会」(以下、「本検討会」と略称する)が設置された。

筆者が本検討会の座長に指名されたが、本検討会は、法学、教育学、心理学、社会福祉学等の学識経験者のほか、社会貢献活動の実施及び活動先の確保に協力している社会福祉法人、全国社会福祉協議会の担当職員や、立ち直り支援を実践している特定非営利活動法人の代表者、及び保護司を構成員とし、また、オブザーバーとして、最高裁判所、総務省、厚生労働省、林野庁、文部科学省、全国保護司連盟等の参加を得て、二〇一三年七月から四回にわたって開催された。

以下においては、本検討会の報告書を参考にしながら、社会貢献制度の意義とその内容について紹介する。

2　社会貢献活動とは

社会貢献活動とは、保護観察対象者に社会に役立つ活動を一定期間に複数回行わせることを通じて、自己有用感・規範意識・社会性の向上を促し、再犯防止と改善更生を図ることを目的とする保護観察の新たな処遇方法の一つである。つまり、社会貢献活動は、保護観察対象者に対して、地域社会の利益の増進に寄与する活動を行わせることにより、社会に役立つ活動を行ったとの達成感を得させたり、地域住民等から感謝されることを通じ、自分が社会の役に立てる存在であることに気づき、もっと他人の役に立ちたいと思うようになる「自己有用感」を獲得させて改善更生の意欲を高め、また、他者一般を尊重し、社会のルールを遵守すべきことを認識させる「規範意識」を涵養し、社会貢献活動の協力者等とのコミュニケーションを通じて、社会の一員としての意識を高め、「社会性」を持たせることを目的としているのである。

保護観察所では、従来、主として保護観察処分少年に対する処遇方法の一つとして「社会参加活動」を実施してきたが、一定の処遇効果が認められたことから、今般、成人も含めたすべての保護観察対象者を対象にするとともに、保護観察対象者が活動に従事することを促進するために、社会貢献活動を特別遵守事項の類型に加えることとしたものである。

但し、①特に専門的な知識や技術がないと実施できないもの、②高所での作業その他の危険を伴うもの、③宗教的活動にあたるもの、については、社会貢献活動として実施しないこととしている。

3　適切な対象者選定の在り方について

ところで、本検討会の議論の対象となった課題の第一は、「適切な対象者選定の在り方」についてであった。社会貢献活動を行うことを保護観察の特別遵守事項として義務づけるためには、活動を行うことによって一定の処遇効果が期待できるということが前提であるため、その可能性が少ないと考えられる者、例えば、犯罪傾向が固定化している者等に対して社会貢献活動を義務づけることは適当ではない。

また、社会貢献活動が、複数回から成る教育的プログラムとして実施されるものであることに鑑みれば、一回の活動では効果が表れなかった不就学の少年や一八歳未満の少年等については、むしろ積極的に実施対象者として選定するべきであるということになる。

さらに、これまでの成育歴の中で、社会との関わりを持つ機会が少なかった少年や、成功体験が少なく自分に自信を持つことができずにいる少年等についても、社会貢献活動が一つの「育ち直し」のきっかけとなり、大きな成長につながることも期待できるため、積極的に選定すべきであろう。そしてまた、社会貢献活動を行うことによって就労に必要な社会的な能力を身に付けさせることも考えられることから、成人も含め、特段の理由なく不就労状態にある対象者も積極的に選定すべきである。

社会貢献活動を行わせる上では、対象者の特性と活動内容との組合せが、その処遇効果を大きく左右することにも留意すべきである。例えば、対人関係に不安が強い対象者や、コミュニケーション能力に課題のある対象者については、初めは実施者において対人接触の程度を調整しやすい清掃活動等を行わせ、他者とのコミュニケーションに慣れてきたら施設利用者との直接交流がある介護補助活動を行わせる等の配慮が必要であろう。

また、対象者の生活歴や関心、特技等を考慮して、活動先を選定することにより、活動へ主体的に取り組める等の効果が期待できる。アメリカ等では、交通違反をした者に高速道路の清掃活動を行わせるといった取組がなされているように、罪種に応じて活動を選択することも考えられる。

例えば、富山県での海岸における清掃活動では、ダルク（民間の薬物依存症リハビリ施設）が連絡先となり、ダルクスタッフが活動に参加しているようであるが、薬物事犯者にとっては、自然な形でダルクと接点が持てるという利点がある上に、ダルクが入所・通所者だけで活動しているのではなく、地域に貢献する活動を行っていることを知ってもらうことで、ダルク自体にとっても利点があり、薬物問題を抱える対象者には、将来ダルクへの通所・入所を考える機会を提供することにもなっていると評価できるであろう。

4　処遇効果の高い活動の在り方について

検討課題の第二は、「処遇効果の高い活動の在り方」についてであった。先行実施においては、保護観察官が面接を通じて対象者の活動への意欲を高めるための働きかけを行った上で、その同意を得て実施していることから、社会貢献活動を行うことに対する一定の意欲が喚起されていることが多かったようである。しかし、本格的に実施される段階において特別遵守事項に定めて行わせる社会貢献活動は、対象者の同意が前提とはされないため、活動を行うことへの動機づけが低い場合や、対象者にとって活動が制裁の一つとして受け止められてしまう場合もあると考えられる。そこで、本格的実施においては、特別遵守事項を設定する際の働きかけが特に重要になるであろう。

例えば、保護観察官や保護司は、社会貢献活動を特別遵守事項に設定する際に、対象者に対して、「なぜあなたがこの活動をする必要があるのか」といったことを具体的かつ丁寧に説明することを心がけ、対象者が活動の内容や意義について充分に理解し、主体的に活動に取り組めるように努めるべきである。

活動に主体的に取り組ませるためには、例えば、活動にあたり必要となる、「時間を守る」「相手に迷惑をかけない」「最後までやる」といったルール等を対象者自らに考えさせ、これを活動先の職員等に約束させる等して、活動に対する責任感を持たせる工夫が必要である。

さらに、対象者とのマッチングを考慮した上で、その範囲内において複数の活動を提示し、その中から対象者に選択させる等、一定の任意性を持たせることも、主体的に取り組むための動機づけを高める上で有効である。

こうしたことにより、対象者は、活動に必要な自覚や活動の趣旨に沿った感想を持つことができるようになり、達成感を得ること等につながって処遇の効果が高まるのである。

例えば、保護観察付執行猶予者であるAさんは、精神障害により対人関係等に過度な不安やストレスを抱え、消極的な言動が目立つ人であったが、公共施設における清掃活動に参加し、一生懸命活動に取り組み、徐々に実施者や協力者に自分から話しかけるようになった。活動後の振り返りにおいて、「清掃活動をしている中で、自分の心もきれいになっていくような気がしました。参加して本当に良かったです」と述べている。その後、Aさんは、不安定な心身の状態に苦しみながらも前向きな気持ちを維持し、毎日、家族の仕事の手伝いに精力的に励んでいるということである。

この事例からもわかるように、社会貢献活動の実施者や協力者等の自然な接し方や声かけが極めて重要である。一般の地域住民や活動先の職員等については、これまで犯罪をした者や非行のある少年と接する機会がなかった者も多く、不安を有している場合もあると考えられるので、社会貢献活動を成功裡に実施するためには、対象者との関わりにおける留意点や対象者のプライバシーの取扱い等について理解を深めてもらう必要があるであろう。こうした実施者や協力者に、「この活動では、特にこの視点を大切にしてほしい」といった事項を充分に踏まえた上で関わってもらうために、対象者との適切な接し方や留意事項について理解を促進するための資料の整備や研修の機会の確保を図るべきであろう。

5　適切な活動回数と時間の割り振りと振り返りの重要性

さらに、特別遵守事項として定める社会貢献活動は、自己有用感等の処遇効果を得ることをその目的としていることに加え、これを行うことが義務づけられるという性質上、保護観察所の長の裁量によって対象者ごとに活動の回数が異なることは、対象者が不公平感を抱き、期待される処遇効果が得られなくなる可能性があるため、適当ではない。適当な活動の回数としては、体験学習の例等を参考にした場合、一～二回の活動では受動的・義務的に活動するに留まり、教育的な効果を得ることはできないと考えられる。他方で、五回程度の活動であれば、活動の中で失敗があったとしても、その活動を振り返り、反省を活かして再び活動し、最終的には成功体験を得ることができるだけの機会が担保されることから、活動の回数として五回くらいが適当であろう。

また、活動の時間については、一回の活動時間が長すぎると負担感の面で適当でなく、反対に短すぎると達成感等の処遇効果を期待し難いと考えられる。さらに、活動場所や内容によって、同じ活動時間であっても対象者への負担の程度は大きく異なることから、活動時間については、一律に定めることはむしろ公平さの観点からも適当ではなく、活動ごとに著しい差が出ないよう上限と下限を定めた上で、活動の内容や環境に応じて一定程度柔軟に設定できるようにすることが適当である。そのため、例えば、体力的に負担の大きい屋外での清掃活動については二時間程度、福祉施設での介護補助活動については利用者の生活や日中の活動プログラム等を考慮して五時間程度といったように、ある程度標準的な活動時間を定めることが必要である。

そして、活動の前後における働きかけとして、社会貢献活動における自己有用感等の処遇効果を高めるためには、活動を行うことに対する動機づけと、活動終了後の振り返りが極めて重要である。振り返りにおいては、対象者に感想を書かせたり、述べさせたりするだけでなく、他の参加者と感想を述べ合ったり、活動先の職員の話を聞かせる等して、対象者が自らの活動で得た達成感等を把握しやすくする工夫も大切である。

6　関係機関・団体との連携の在り方について

検討課題の第三は、「関係機関・団体との連携の在り方」についてである。

先行実施において確保している活動場所の中には、保護観察所が社会福祉協議会や官公署の協力を得て新たに開拓したものもあるが、多くは従前から社会参加活動の活動先として協力していた施設や、保護司等の更生保護ボランティアの協力を得て開拓したものであり、現時点では、すべての保護観察所で多様な活動場所が確保されているとまでは言えない。

今後、多様な活動場所を確保するためには、地域の関係機関・団体と連携する必要があるが、こうした機関・団体には、犯罪をした者や非行のある少年と関わることへの漠然とした不安や、万が一事故等があった場合の対応への不安があることから、これらを払拭する必要がある。

活動を受け入れるにあたり、活動先が最も気にしていることは、活動中の事故等に対する責任の明確化である。地方公共団体や特定非営利活動法人が主催する活動であっても、社会貢献活動としての実施主体は保護観察所であることを明確にした上で、連携を図る必要がある。

一方、社会福祉の分野では、青少年を対象とした地域における居場所づくりや就労体験活動を行っていたり、民間企業においても、生活困窮者や障害者を支援するために職業体験の場を提供する等している。これらの取組の中には、結果として地域が抱えている問題の解決に貢献しているという点で、社会貢献活動と共通しているものもあると思われることから、これらの活動との連携が重要であろう。

なお、活動場所の開拓や活動の実施にあたっては、保護観察所や保護司会と地方の関係機関・団体との「顔の見える関係づくり」が重要であるが、他省庁が所管する機関や団体等においても様々な活動が広く実施されていることを踏まえ、情報連携も含めた中央省庁間の連携を一層綿密に行うことも必要であろう。

7　社会貢献活動の具体例

二〇一一年四月から実施されている先行事例を箇条書き的にまとめてみると以下のようになる。

①特別養護老人ホーム、障害福祉サービス事務所、デイサービス施設等における介護補助。
②都市公園、神社、河川敷、海岸、市街地、体育施設・文化施設周辺、道の駅、ケアハウス、無人駅、青少年野外教育施設、特別支援学級等における清掃活動。
③保護観察所あるいは社会福祉協議会における使用済み切手整理及びウエス製作。
④保育園における保育補助。
⑤障害福祉サービス事業所における作業補助及び製菓補助。

⑥障害者支援施設における利用者の散歩支援。
⑦公共施設周辺の花壇整備。
⑧フラワーアレンジメントの製作・寄贈。
⑨身体障害者療護施設における植木剪定等、である。

8　社会貢献活動への期待

以上のような社会貢献活動の取組は始まったばかりであり、関係機関・団体との連携の在り方といったマクロな視点から、活動中又はその前後における個別の対象者への働きかけの在り方といったミクロな視点まで、多くの課題があり、その解決に向けて様々な創意工夫を重ねていく必要がある。今後、本格的実施に向けて、法務省保護局が中心となって、これらの課題の解決に向けた努力がなされていくことと思われるが、本報告書がそのための指針となればと思う。本報告書づくりに携わった者として、社会貢献活動が効果的に運用されることを期待したい。

第十五章　日本における非拘禁措置に関する諸政策

1　東京ルールズとウィーン宣言

今更改めて指摘するまでもなく、犯した罪の軽重を問わず、すべての犯罪者を刑務所に拘禁することは、必ずしも社会正義を実現するという刑事司法の目的に合致するものとは言えないし、また、現実的にもそれは不可能である。そのため、世界の刑事政策は、非拘禁措置に関する諸施策を、各国で独自に展開している。

一九九〇（平成二）年のハバナでの第八回国連犯罪防止刑事司法会議で採択された「非拘禁措置に関する国連最低基準規則」（この原案を作成した東京・府中市にある国際連合アジア極東犯罪防止研修所に敬意を表し「東京ルールズ」と呼ばれる）は、こうした世界の刑事政策を実現するための指針となっている。

この東京ルールズは、内容的には、非拘禁措置の活用を促進するための基本的な諸原則を示すとともに、非拘禁措置に付された者の権利保障をも定めている。具体的には、一般原理においては、非拘禁措置がそれぞれの国の政治的・経済的・文化的条件、刑事司法制度の目的のほか、犯罪者及び被害者の権利、公共の安全、犯罪防止の観点等を考慮して実施されるべきものとしており、拘禁措置の濫用を防ぐための人権保障の規定を設けている。

二〇〇一（平成一三）年の第一〇回国連犯罪防止刑事司法委員会において、この東京ルールズに関する調査報告書が提出されているが、それによると、東京ルールズはその採択以来、大多数の国の刑事司法制度の運営において、重要な指針であると認識されているようである。そして、この調査報告書では、東京ルールズに基づく刑事司法制度の運営に向けて、世界各国が多くの努力を払っている状況にあるとの説明がなされている。

この東京ルールズに加えて、二〇〇〇（平成一二）年のウィーンでの第一〇回国連犯罪防止刑事司法会議で採択された、「犯罪と司法に関するウィーン宣言――二一世紀の課題への対応」においては、矯正施設の被収容者の増大と過剰収容を抑制するための、効果的な拘禁の代替措置を設けることの重要性が指摘されている。また、二〇〇二（平成一四）年の第一一回国連犯罪防止刑事司法委員会、二〇〇五（平成一七）年に開催された第一一回国連犯罪防止刑事司法会議でも、非拘禁措置の優先的活用や、一般社会に対する非拘禁措置の意義と効果についての広報活動を奨励している。

そこで、以下においては、わが国で展開されている、東京ルールズやウィーン宣言を充足させるような非拘禁措置の施策を、①公判前段階、②公判及び判決段階、③判決後の段階に分けて紹介する。

2　公判前段階

微罪処分　微罪処分は、警察段階で行われる猶予制度であり、犯罪が軽微で刑罰を科す必要性が少ない犯罪者を、刑事手続のプロセスから外す処分である。微罪処分の根拠規定は、刑事訴訟法（以下、刑訴法と略称する）第二四六条但書であるが、この規定は、検察官から司法警察員にその処分権を委任したものと見られており、具体的には、犯罪捜査規範第一九八条において、「司法警察員は、捜査した事件について、犯罪事実が極めて軽微であり、かつ、検察官から送致の手続をとる必要がないとあらかじめ指定されたものについては、送致しないことができる」と定めている。このように、捜査官としての司法警察員の刑事政策的配慮によって、事件を警察段階において終了させることを微罪処分というのである。この微罪処分を行うにあたって考慮の対象となるのは、①被害僅少かつ犯罪軽微で、盗品等の返還その他被害の回復が行われ、被害者が処罰を希望せず、かつ、素行不良者でない者の偶発的犯行で、再犯のおそれのない窃盗、詐欺、横領事件、及びこれに準ずべき事由のある盗品等譲り受け等事件、②得喪の目的たる盗品等が極めて僅少、犯情も軽微であり、共犯者のすべてについて再犯のおそれのない初犯者の賭博事件、③素行不良者でない者による偶発的犯行で、被害も軽微な粗暴犯（暴行・傷害等）、である。この微罪事件の指定は、各地方検察庁の長である検事正が、管轄区域内の司法警察職員に対して行うが、告訴・告発事件及び自首事件は除外され、また、指定される事件は地方によって異なり、その処理年月日、被疑者の氏名、職業、住居、罪名、犯罪事実の要旨を一か月毎に、総括して微罪事件報告書という形で、検察官に報告することになっている。このようにして、報告を受けた検察官が微罪処分不相当と考える場合を除き、当該事件は、警察段階において終了することになる。
　この微罪処分は、犯人に犯罪者としての烙印を正式に押さない点で利点があり、また、犯罪の大部分が財産犯であり、しかも財産犯の多くがごく軽微な事件であることを考えれば、微罪処分には再犯防止効果があるとされている。これらのことからも、微罪処分は、犯罪者を刑事司法制度の枠外におく、ダイバージョン（刑事司法制度回避策）の一方策であり、刑事政策上、積極的な意義のある制度であると考えられている。

起訴猶予

　起訴猶予とは、検察官が起訴・不起訴を決定する際に、公訴を提起するに足る嫌疑並びに証拠があり、かつ訴訟条件が具備されているにもかかわらず、検察官の裁量によって起訴しないことを認める制度である。起訴猶予の根拠規定は、刑訴法第二四八条だが、そこでは、「犯人の性格、年齢及び境遇、犯罪の軽重及び情状並びに犯罪後の情況により訴追を必要としないときは、公訴を提起しないことができる」としている。
　この起訴猶予の刑事政策的機能としては、①犯罪者に前科者というレッテルを貼ることを回避し、そのことが当人の改善更生のために重要な機会を提供する、②犯罪者は不当な刑罰権の行使による拘束から免れることができる一方で、国家は、起訴猶予の理想的な実施により、無用な公判手続と費用の削減を図ることができる、③短期自由刑（一年以下の自由を奪う刑罰）の代替手段として有用なものである、④家族の経済的困窮を避けることができ、一定の社会的地位のある者は、その資格剝奪を避けることができる等があげられている。

略式命令手続

　略式命令手続とは、簡易裁判所が、その管轄に属する軽微な事件について、検察官の提出した資料に基づき、公判を開かずに、書面審理のみで、一〇〇万円以下の罰金又は科料を科すことができる制度である（刑訴法第四六一条）。略式命令の請求は、検察官が公訴の提起と同時に書面で行い、その際に検察官は、被疑者に対して、あらかじめ略式手続を理解させるために必要な事項を説明し、通常の規定に従い審判を受けることができる旨を告げた上で、略式手続によることについて異議がないかどうかを確かめなければならず、被疑者は、略式手続によることについて異議がないときは、書面でその旨を明らかにしなければならない。

3　公判及び判決段階

保　釈

わが国の制度上、勾留中の被告人に対しては、保釈金を納付させることで、暫定的に釈放することが可能である（刑訴法第八八条）。保釈は、請求によって行われ、請求があれば法定の例外にあたらない限り、これを許可しなければならない（権利保釈の原則）。保釈の請求権者は勾留されている被告人のほか、弁護人、法定代理人、保佐人、配偶者等の一定の親族である。保釈の例外事由としては、①死刑、無期、短期一年以上の懲役又は禁錮の事件であるとき、②前に死刑、無期、長期一〇年を超える懲役又は禁錮にあたる罪についての有罪の宣告があったとき、③常習として長期三年以上の懲役、禁錮にあたる罪を犯した事件であるとき、④罪証隠滅を疑うに足る相当な理由があるとき、⑤被害者その他の者に害を加え又は畏怖させる行為をすると疑うに足りる相当な理由があるとき、⑥氏名・住所が不明なときである。

権利保釈が認められない場合でも、裁判所は、適当と認めるときは、職権で保釈を許可することができる（裁量保釈）。裁判所は、保釈に関する決定を行うには、検察官の意見を聴かなければならない。保釈保証金は、犯罪の性質、情状、証拠の証明力、被告人の性格・資産を考慮し、出頭を保証するに足る相当な金額でなければならない。さらに必要であれば、住居制限等の条件を付けることができる。そして、刑の執行のための呼び出しに応ぜず、または逃亡したときは検察官の請求により、保釈金は没収となる。保釈金が没収されなければ、保釈の消滅の際に還付される。保釈取消しの決定があった場合は、被告人は刑事施設に収容されるのである。

執行猶予

執行猶予とは、有罪判決を宣告する際、一定の条件の下に、言い渡した刑の執行を一定期間猶予し、猶予を取り消されることなく猶予期間を経過した場合には、刑を科さないとするものである。現行刑法は、その第四章において刑の執行猶予として、刑の全部執行猶予と一部執行猶予とを規定している。前者は、三年以下の懲役・禁錮又は五〇万円以下の罰金を言い渡すとき、原則として、①前に禁錮以上の刑に処せられたことのない者か、②前に禁錮以上の刑に処せられたことがあっても、その執行が終わり、または執行の免除を得た日から五年以内に禁錮以上の刑に処せられたことのない者に対しては、情状により、一年以上五年以下の期間、執行を猶予することができるとしている（刑法第二五条第一項）。

これに対して、後者の刑の一部執行猶予は、前述の対象者に加え、③前に禁錮以上の刑に処せられたことがあっても、その刑の全部の執行を猶予された者に対して、三年以下の懲役又は禁錮を言い渡すとき、宣告した刑期の一部を一年以上五年以下の期間、猶予することができることとしている（刑法第二七条の二第一項第二号）。

この執行猶予の刑事政策的機能としては、再び犯罪を行った場合には刑の執行猶予を取り消して実刑を科すという心理的強制によって再犯を防止し、対象者の改善更生を促すことがあげられる。しかしながら、執行猶予は、有罪判決、刑の言渡しがある上、犯罪人名簿への搭載、種々の資格制限を伴うのであり、この点が執行猶予の短所とされている。また、裁判官は執行猶予を付けるとき、宣告刑を重くする傾向があると言われており、それが事実であれば、執行猶予が取り消され、もとの宣告刑が執行されると、罪刑不均衡の問題が生じることになる。これらの点については、再考の余地があろう。

保護観察　保護観察とは、犯罪者や非行少年に通常の社会生活を営ませながら遵守事項を守るように指導監督するとともに、必要な補導援護を行うことによってその改善更生を図るものである。わが国における保護観察は、その対象となるものには、①一号観察—保護観察処分少年（家庭裁判所の決定により保護観察に付された者）、②二号観察—少年院仮退院者（地方委員会の決定により少年院からの仮退院を許された者）、③三号観察—仮釈放者（地方委員会の決定により刑事施設からの仮釈放を許された者）、④四号観察—保護観察付執行猶予者（刑事裁判所の判決により刑の執行を猶予され保護観察に付された者）、⑤五号観察—婦人補導院（売春防止法に基づき補導処分に付された成人女性を収容し、社会復帰を目的とする国の施設）の仮退院者（地方委員会の決定により仮退院を許された者）の五つがある。

これらのうち、一号と四号観察は施設収容を回避するため、英米で言うところのプロベーションに相当し、二号、三号、五号観察は施設処遇後になされるもので、英米でのパロールに相当する。すなわち保護観察は、施設収容を避けて犯罪者としての烙印を押さないようにするプロベーション型の保護観察と、プリズニゼイションを避ける意味でのパロール型の保護観察という二つのものがあることになる。そういった意味で、保護観察は、英米におけるプロベーションとパロールの制度を合体させた、日本独自の制度であると言える。

4　判決後の段階

仮釈放　仮釈放とは、矯正施設に収容されている者を、刑期又は収容期間の満了に先立って、一定の条件の下に一定期間仮に釈放して、一般社会において更生させることを図り、その期間を無事に経過したときには再び施設に収容することを免除する制度である。現行刑法は、懲役、禁錮につき改悛《かいしゅん》の状（「悪かった」という気持であるが、「悔悟の情」や「改善更生の意欲」「再び犯罪をするおそれ」「保護観察に付することが改善更生のために相当」「社会感情」等、仮釈放を判断する際の考慮事項である）ある時は、有期刑は刑期の三分の一、無期刑は一〇年経過後、行政官庁の処分によって仮に釈放を許し得ることを定め（刑法第二八条）、拘留及び労役場（罰金・科料を完納できない者に対して、所定の作業を行わせる施設）留置については、さらに要件を緩和し、情状によって何時でも仮出場を許し得ることを定めている（刑法第三〇条）。仮釈放の審理にあたっては、地方委員会は、①悔悟の情及び改善更生の意欲があるか、②再び犯罪をするおそれがないか、③保護観察に付することが改善更生のために相当であるかを順に判断し、それらの基準を満たした者について、④社会の感情が仮釈放を是認するかどうかを最終的に審理し、仮釈放を許すかが判断される。

外出・外泊制（帰休制）　外出・外泊制とは、刑事収容施設及び被収容者等の処遇に関する法律第一〇六条で定められた制度であり、一日のうちの定められた時間内において、受刑者が刑事施設の職員の同行なしに刑事施設の外に出ることを認める外出制と、七日間を限度として、ある一定の定められた期間、受刑者が刑事施設の職員の同行なしに刑事施設の外に外泊することを認める外泊制とがある。これは、諸外国で行われている「帰休制」と同様の制度である。この制度の趣旨は、受刑者が刑務所生活に慣れ親しんでしまうことを避けることのほかにも、①受刑者の釈放後の帰住・就職先の準備を円滑にする、②社会的連帯の維持や再社会化を促進する、③模範的な規律遵守者に対する一つの賞遇となる、④家族関係を維持させる、⑤近親者の重病等の場合の往訪のために行う、等があげられる。

この制度に対しては、逃亡のおそれがある、あるいは受刑者間に差別感情を醸成する等の反対意見もあるが、先進諸国の行刑実務の経験や受刑者の社会復帰の観点からは、わが国における本制度の採用は妥当なものであると思う。

恩　赦

恩赦とは、社会の変化や法令の改廃によって刑の執行の具体的妥当性が損なわれる場合があるため、行政権によって刑罰執行権の全部又は一部を消滅あるいは軽減する制度である。恩赦には、大赦、特赦、減刑、刑の執行の免除及び復権の五種類がある（恩赦法第一条）。大赦とは、政令で罪の種類を定めて行われ、有罪の言渡しを受けた者についてはその言渡しの効力を失わせ、有罪の言渡しを受けていない者については公訴権を消滅させる効力を有する。特赦とは、有罪の言渡しを受けた特定の者について、その言渡しの効力を失わせるものである。減刑は、刑の言渡しを受けた者に対して、政令で罪もしくは刑の種類を定めて行う一般減刑と、刑の言渡しを受けた特定の者に対して行う特別減刑がある。減刑の内容は、死刑を無期懲役に改めるような刑の種類の変更、懲役や禁錮の期間の減軽、刑の執行の減軽及び執行猶予の期間の短縮がある。刑の執行の免除は、罪名や刑期はそのままであるが、その執行が免除されるものである。復権は、有罪の言渡しによって喪失し又は停止された資格を回復させるもので、政令によって一律に行われる一般復権と、特定の者に対して個別的に行われる特別復権とがある。

このような恩赦は、行政権によって国家刑罰権の全部又は一部を消滅させる行為である点で、また行政権が司法権に干渉する三権分立の例外であるため、慎重な運用が望まれる。とはいえ、恩赦は、誤判の救済、社会の変化や法令の改廃に合わせて刑罰権を修正するという機能があり、その点を鑑みれば、適切な運用をすることが期待される。

5　刑事制裁の多様化現象

近年においては、人権思想が高揚し、刑罰の人道化あるいは犯罪者の改善更生・社会復帰を最優先させることが、刑事政策の重要な課題とされている。そうした意味からは、現代の刑事政策には、非拘禁措置のような犯罪の重大性と犯罪者の特性に見合った、きめの細かい刑事制裁の在り方が求められているると言える。それゆえ非拘禁措置は、まさに「刑事制裁の多様化現象」を顕現したものであると言える。

第Ⅴ部　少年法・少年院法改正と少年鑑別所法の制定

第十六章　少年院法の改正と少年鑑別所法の制定

1　少年院法改正の背景

二〇一四（平成二六）年六月一一日、「少年院法」（平成二六年法律第五八号、以下、新少年院法と略称する）、「少年鑑別所法」（平成二六年法律第五九号）、並びに「少年院法及び少年鑑別所法の施行に伴う関係法律の整備等に関する法律」（平成二六年法律第六〇号）が成立し公布された。一九四八（昭和二三）年七月に現行少年院法が制定されて以来の全面改正である。

現行少年院法の全面的な見直しが必要とされた背景について、柿崎伸二は、「少年院法・少年鑑別所法の成立の経緯」『法律のひろば』（二〇一四年八月号）において、次のような指摘をしている。

第一は、少年院法は制定後長い年月（約六六年）が経過しており、その間、社会情勢が大きく変化しているにもかかわらず、抜本的な見直しがなされることなく今日にいたっているため、少年院における矯正教育、少年鑑別所における鑑別や観護処遇に関する規定が乏しく、被収容少年の権利義務関係や職員の権限等が明確でない等、現在では不充分な内容のものとなっている。特に少年鑑別所に関する規定については、少年院法の中にわずか数か条がおかれているのみで、これまでは、多くの事項について少年院に関する規定を準用している。

第二は、少年院及び少年鑑別所における施設の管理運営、被収容少年の処遇方法の多くが、省令、訓令、通達等に委ねられており、行政上の運用として行われているため、法令上、少年院の全体像を把握することが困難になっている。

第三は、不適正処遇の防止、施設運営の透明性の確保等の観点から、不服申立制度の整備、第三者委員会の設置等、新たに法律に規定すべき事項がある。

特に、第三の点は、両法の成立が、広島少年院の不適正処遇事案の発覚を契機として、急速に進展したものであることを勘案するとき、重要な意味を持つものである。

広島少年院不適正処遇事案とは、同少年院の複数の法務教官が、在院者五〇人余りに対して、合計一〇〇件余りの暴行等の不適正処遇を行い、二〇〇九（平成二一）年六月、広島矯正管区が、合計三二件の事案につき、四人の法務教官を特別公務員暴行陵虐罪で告発し、広島地方検察庁により逮捕、起訴され、いずれも有罪（うち二人は実刑）が決定したというものである。

2　これまでの少年院法改正の動き

少年院法の改正については、一九五〇年代中頃から議論があったようであるが、現実には、一九七〇（昭和四五）年に法制審議会に諮問された「少年法改正要綱」の保護処分の多様化の提案に関して、少年の処遇の個別化と事態に即した処遇の実現という観点に立って、保護処分の種類を増加させることとし、これらの新たな保護処分に対応する形で、少年院法の改正等が検討された。

その後、二〇〇五（平成一七）年には、「刑事施設及び受刑者の処遇等に関する法律」が成立し、約一〇〇年ぶりに監獄法改正が実現した。また、二〇〇七（平成一九）年には、犯罪者予防更生法と執行猶予者保護観察法を整理・統合した「更生保護法」が成立し、「次は少年院法の全面改正である」という声が聞かれるようになった。そうした折、二〇〇九（平成二一）年四月、広島少年院において、職員による重大な不適切処遇事案が発覚したのである。

この不祥事を受けて、同年一二月、「少年矯正を考える有識者会議」が設置された。有識者会議の委員は、法律、医学、心理学及び教育学の専門家、関連諸分野の実務経験者等から構成されており、二〇一〇（平成二二）年一二月、「少年矯正を考える有識者会議提言――社会に開かれ、信頼の輪に支えられる少年院・少年鑑別所へ」と題する「有識者会議提言」を法務大臣へ提出している。

法務省矯正局は、有識者会議提言を受けて、関係機関との協議を重ねながら、二〇一一（平成二三）年一一月、「少年院法改正要綱素案」を策定した。その後、この要綱素案についてのパブリックコメントを求め、少年院法改正作業を進めるにあたって、法改正後の制度設計についてあらかじめ検討しておく必要のある事項及び法改正を待たずして、運用改善が可能な事項に係る具体策について検討作業を行い、「少年院法案」「少年鑑別所法案」並びに「少年院法及び少年鑑別所法の施行に伴う関係法律の整備等に関する法律案」を策定したのである。

これらの法案は、二〇一二（平成二四）年三月、参議院に提出された。しかし、政治情勢等により一度も審議されることなく国会が閉会となり、廃案となった。そして、二〇一四年二月、廃案となった各法律案と実質的に同内容の法律案が衆議院に提出され、同年五月、衆議院本会議において全会一致で可決され、六月には、参議院本会議において、全会一致で可決・成立し、公布された。

3　新少年院法の注目点

今回の立法は、少年院法を全面的に改正して新法とするほか、少年鑑別所に関する規定を少年鑑別所法として独立の新法とする方式を採っている。被収容者の大半を占める調査段階の少年（少年鑑別所在所者）と保護処分決定後の少年（少年院在院者）とでは、同じ教育的処遇ではあっても、少年鑑別所在所者は、非行事実や要保護性を争っている場合が多いことから考えて、処遇内容に相当程度の制約を免れず、その法的地位や権利関係においても少年院在院者とは相当程度の差異が生じるのであるから、両者の法的地位を明確に区別することは、合理的であると言える。

法務省の「少年院法案提案理由説明」によれば、新少年院法の要点は、①少年院の管理運営に関する事項を定めるものであり、少年院の運営の透明性を確保するために、少年院視察委員会の設置、組織及び権限について定めるものである。②在院者の処遇について定めるものであり、在院者の処遇の原則、矯正教育の基本となる事項、在院者に対する社会復帰支援、在院者の権利義務の範囲、その生活及び行動に制限を加える場合の要件、及び手続、面会、信書の発受等の外部交通等について定めるとともに、在院者が自己の受けた処遇全般について行う不服申立ての手続として、法務大臣に対する救済の申出、監査官及び少年院の長に対する苦情の申出の制度を整備するものである、という二点にある。

まず、第一の要点について、新少年院法は、第一条において、「この法律は、少年院の適正な管理運営を図るとともに、在院者の人権を尊重しつつ、その特性に応じた適切な矯正教育その他の在院者の健全な育成に資する処遇を行うことにより、在院者の改善更生及び円滑な社会復帰を図ることを目的とする」と規定し、その基本理念を明らかにしている。また、透明性の確保という観点からは、①実地監査制度を採り入れ、法務大臣は、その職員の中から監査官を指名し、毎年一回以上、少年院の実地監査を行わせることとした（第六条）。②また、既存の刑事施設視察委員会制度を参考にして、少年院視察委員会制度を導入し、所要の規定を整備している（第八条～一一条）。さらには、裁判官及び検察官による巡視についても規定している（第一二条）。

第二の要点に関しては、在院者の処遇について、人権尊重の原則、処遇の個別化の原則、科学主義の原則に立脚し、在院者の処遇は、その人権を尊重しつつ、明るく規則正しい環境の下で、その健全な心身の成長を図るとともに、その自覚に訴えて改善更生の意欲を喚起し、並びに自主、自律及び協同の精神を養うことに資するよう行うものとする。在院者の処遇にあたっては、その者の最善の利益を考慮して、その者に対する処遇がその特性に応じたものとなるようにしなければならない、としている（第一五条）。

矯正教育の目的については、「在院者の犯罪的傾向を矯正し、並びに在院者に対し、健全な心身を培わせ、社会生活に適応するのに必要な知識及び能力を習得させることを目的とする」と規定している（第二三条）。そして、矯正教育の内容については、第二一条から二九条において、生活指導、職業指導、教科指導、体育指導及び特別活動指導として整理している。

社会復帰支援に関しては、現行少年院法下においても規定はないが、関係機関と連携を図りつつ、在院者の円滑な社会復帰を図るための支援を実施してきたが、このような取組をより一層進める趣旨で、新少年院法は、出院後に自立した生活を営む上での困難を有する在院者に対して、その意向を尊重しつつ、帰住、医療・療養、修学、就業等の社会復帰支援を行い、その際には、保護観察所の長と連携を図るよう努めることを規定している（第四四条）。

救済の申出等に関しては、広島少年院の不適正処遇事案においては、少年院の不服申立制度が充分に機能しなかったため、新たな不服申立制度として、法務大臣に対する「救済の申出」（第一二〇～一二二条）、監査官及び少年院の長に対する「苦情の申出」（第一二九条、一三〇条）が創設された。

これらのほかに注目すべき点としては、現行少年院の種類、初等少年院、中等少年院、特別少年院、医療少年院の区分が廃止され、新少年院法は、初等少年院と中等少年院を併せて「第一種」、特別少年院を「第二種」、医療少年院を「第三種」、刑の執行を受ける者を収容する少年院を「第四種」としている（第四条）。これは、そもそも、従来の初等少年院と中等少年院の収容区分が、一六歳という年齢のみであったことから、個々の少年の心身の発達を考慮せず、年齢のみで一律に区別することの合理的根拠に乏しいという批判があったことを斟酌してのことである。また、特別少年院という名称は、特別という用語が、出院した少年に特別に凶悪な少年であるというスティグマを負わせることがままあることを配慮しての改正であろうと思われる。

また、第一〇六条において、少年院の長は、その改善更生又は円滑な社会復帰に資すると認めるとき、その他相当と認めるときは、電話その他政令で定める電気通信の方法による通信を許すことができる、と規定している。「できる」というのであるから、裁量の余地は残しているものの、電話による外部交通の確保は世界的な趨勢であり、新法では面会の相手方に、保護者以外にも重大な用務の処理のために面会が必要な者や、在院者の改善更生に資すると認められる者があげられている（第九二条）ことから、外部交通を拡大していることも注目すべき点であると言えるであろう。

4　少年鑑別所法の制定

法務省の「少年鑑別所法案提案理由説明」によれば、少年鑑別所法の要点は、①少年鑑別所の管理運営に関する事項を定めるものであり、少年鑑別所の運営の透明性を確保するために、少年鑑別所視察委員会の設置、組織及び権限について定めるものである。②少年鑑別所の行う鑑別について、鑑別の実施方法、家庭裁判所等の求めによる鑑別等について定めるものである。③在所者の観護処遇について定めるものであり、在所者の観護処遇の原則、在所者に対する健全な育成のための支援、在所者の権利義務の範囲、その生活及び行動を制限する場合の要件及び手続、面会、信書の発受等の外部交通等について定めるとともに、在所者が自己の受けた処遇全般について行う不服申立の手続として、法務大臣に対する救済の申出、監査官及び少年鑑別所の長に対する苦情の申出の制度を整備するものである。④少年鑑別所において、少年非行に関する専門的知識及び技術を活用し、地域社会における非行及び犯罪の防止に関する援助を行うことについて定める、という四点にある。

第一の要点に関しては、第一条の目的規定において、「この法律は、少年鑑別所の適正な管理運営を図るとともに、鑑別対象者の鑑別を適切に行うほか、在所者の人権を尊重しつつ、その者の状況に応じた適切な観護処遇を行い、並びに非行及び犯罪の防止に関する援助を適切に行うことを目的とする」としている。

第二の要点に関しては、少年鑑別所法は、鑑別機能のより一層の充実強化を図るため、鑑別に関する規定を整備している。「鑑別対象者の鑑別においては、医学、心理学、教育学、社会学その他の専門的知識及び技術に基づき、鑑別対象者について、その非行又は犯罪に影響を及ぼした資質上及び環境上問題となる事情を明らかにした上、その事情の改善に寄与するため、その者の処遇に資する適切な指針を示すもの」とし、その意義を明らかにしている（第一六条）。このことにより、従来用いられてきた「資質鑑別」という用語は用いられないことになる。

また、現行少年院法下では、児童自立支援施設の長及び児童養護施設の長からの求めに応じて行う鑑別は、一般少年鑑別として行うにとどまっていたが、少年鑑別所の少年非行に関する専門的知識及び技術により一層の活用と児童福祉機関との連携の強化という観点から、児童自立支援施設の長及び児童養護施設の長を少年鑑別所に鑑別を求める機関として明記した（第一七条）。今後は、明確な法的根拠のもとで、児童福祉機関との連携が図られることになるであろう。

第三の要点に関しては、在所者の観護処遇については、少年鑑別所法第三章の定めるところにより行い（第一九条）、これを行うにあたっては、懇切にして誠意のある態度をもって接することにより在所者の情操の保護に配慮するとともに、その者の特性に応じた適切な働き掛けを行うことによりその健全な育成に努めることが明記された（第二〇条）。このことにより、観護処遇は、在所者に対するあらゆる処遇のうち、鑑別を除いたものと整理され、外部交通や医療も含む幅広い概念となった。

第四の要点に関しては、少年鑑別所が有する少年非行に関する専門的知識及び技術をより広く活用する趣旨で、少年鑑別所の長は、地域社会における非行及び犯罪の防止に寄与するため、非行及び犯罪に関する各般の問題について、少年、保護者その他の者からの相談のうち、専門的知識及び技術を必要とするものに応じ、必要な情報の提供、助言その他の援助を行うとともに、非行及び犯罪の防止に関する機関又は団体の求めに応じ、技術的助言その他の必要な援助を行うものとした（第一三一条）。これにより、現行の一般少年鑑別が、本来業務の一つとして位置づけられることとなった。

これらの他、新少年院法と同じく、法務大臣に対する救済の申出、監査官又は所長に対する苦情の申出が新たな制度として明文化された。また、少年鑑別所の透明化のために、少年鑑別所視察委員会が設置され、委員七人以内で組織することになった（第七条、八条）。

5　整備法の概要

「少年院法及び少年鑑別所法の施行に伴う関係法律の整備等に関する法律」は、新少年院法及び少年鑑別所法の施行に伴い、現行少年院法を廃止し、関係法律の規定の整備を行うとともに、所要の経過措置を定めるものである。

6　両法制定の意義

新少年院法の施行日は、公布の日から起算して一年を超えない範囲内において政令で定める日であり、実地監査に関する規定については、公布の日から起算して一年六月を超えない範囲内において政令で定める日から施行される。少年鑑別所法及び整備法の施行日は、新少年院法と同様である。

今回の新少年院法の制定により、少年院における矯正教育やその他の健全な育成に資する処遇の充実が図られたと同時に、出院後の関係機関との連携により、少年の再犯・再非行を防止するための法的基盤が完備されたと言えよう。また、少年鑑別所法の制定により、従来にも増して鑑別対象者の鑑別の適切な実施が可能となったほか、在所者の人権を尊重しつつ、その者の状況に応じた適切な観護処遇が図られるとともに、少年鑑別所が、非行に関する専門機関として、地域社会における非行及び犯罪の防止に関する援助を適切に行うことが再認識されたという意味で、重要な意義を持つと言える。

そして、この少年矯正に関する両法の制定によって、社会に開かれ、信頼の輪に支えられる少年院・少年鑑別所法となるための重要な枠組みがここに完成したことになるのである。少年矯正のさらなる進展のための青写真が、今、われわれの手元に横たわっていると言えるであろう。

第十七章　少年法改正について

1　少年法改正の背景

最近、少年法の改正が相次いでいる。改正の対象となった一九四八（昭和二三）年少年法（昭和少年法と略称する）は、第二次世界大戦後、当時アメリカで全盛期にあった「国親《くにおや》思想」に基づき、保護優先主義の強い影響を受けて制定された。この昭和少年法は、一九二二（大正一一）年少年法（大正少年法と略称する）を全面改正したもので、少年年齢を一八歳から二〇歳に引き上げたことと、検察官の先議権を廃し全件送致主義（すべての少年事件を家庭裁判所へ送致し、家庭裁判所が少年を保護処分とするか刑事処分が相当かを判断・決定する少年法の立場）を採用したことに特徴がある。

この保護優先主義を標榜する昭和少年法の約二〇年にわたる運用状況を勘案して、法務省は、一九六六（昭和四一）年、「少年法改正に関する構想」を発表し、全件送致主義や保護優先主義に一部修正を加えて、検察官の権限を一定程度拡大する案を提示したが、学会からの反発が強く実現できなかった。しかし、二〇〇〇（平成一二）年五月以降、「西鉄バスジャック事件」をはじめとする一連の一七歳の少年による凶悪な少年事件が生起するに及び、「少年法等の一部を改正する法律案」が立案されるにいたった。この法案は、二〇〇〇年九月、議員提案により第一五〇回国会に提出され、一一月二八日に成立し、一二月六日に公布された。これが「平成少年法」である。

2　平成少年法の要点

この平成少年法の要点は、（1）少年事件の処分等の在り方の見直し、（2）少年審判の事実認定手続の適正化、（3）被害者への配慮の充実、の三点である。

（1）少年事件の処分等の在り方の見直しに関しては、①年齢区分の見直し、②原則逆送制度、③刑罰緩和規定の見直し、④保護者に対する措置、⑤審判の方式等がある。

まず、①年齢区分の見直しであるが、昭和少年法においては、犯行時一四歳の少年の場合、刑法上は刑事責任があるのにもかかわらず、いかに凶悪で重大な犯罪をしようとも、刑事処分には付されないことになっていた。しかし、一九九七年の「神戸連続児童殺傷事件」を契機として、一四歳の少年であっても、罪を犯せば処罰される可能性があることを明示し、その責任を自覚させる必要があるとの認識から、一四歳以上の少年に係る死刑、懲役又は禁錮にあたる罪の事件については、検察官送致決定ができるとされた（少年法第二〇条第一項）。

さらに、②原則逆送制度を採用し、家庭裁判所は、故意の犯罪行為により被害者を死亡させた罪の事件であって、その罪を犯すとき一六歳以上である場合、検察官に送致する決定をしなければならないと定めたのである（少年法第二〇条第二項）。

③刑罰緩和規定の見直しに関して注目すべきことは、無期刑緩和を裁量化したことである。昭和少年法は、犯行時一八歳未満の者について、死刑をもって処断すべきときは、無期刑を科し、無期刑をもって処断すべきときは一〇年以上一五年以下の範囲で有期刑を科することとしていたが、平成少年法は、無期刑相当の事案に関し、無期刑を科すか有期刑を科すかを、裁判所が選択できることとした（少年法第五一条第二項）。

また、死刑を無期刑に緩和した場合は、仮釈放可能期間の特則を適用しないとした。現行刑法では、成人が無期刑に処せられた場合、一〇年を経過しなければ仮釈放が許されないが（刑法第二八条）、少年の場合には、七年に短縮されるという特則が規定されていた。平成少年法は、この特則は適用しないとしたのである（少年法第五八条第二項）。

さらに、④保護者に対する措置として、家庭裁判所は、必要があると認めるときは、保護者に対し、少年の監護に関する責任を自覚させ、その非行を防止するために、調査又は審判において、自ら訓戒、指導その他の適当な措置をとり、又は家庭裁判所調査官に命じてこれらの措置をとらせることができるとする規定が設けられた（少年法第二五条の二）。⑤審判の方式に関しては、昭和少年法の条文を一部補充し、「和やかに行うとともに、非行のある少年に対し自己の非行について内省を促すものとしなければならない」（少年法第二二条第一項）とした。

（2）少年審判の事実認定手続の適正化については、①裁定合議制度の導入、②検察官関与制度の導入、③抗告受理申立制度の導入、④観護措置期間の延長、⑤保護処分終了後における救済手続の整備がある。

まず、①裁定合議制度の導入であるが、改正前の裁判所法では、家庭裁判所が取り扱う事件は、他に特別の定めがない限り、一人の裁判官が担当することとされていた。ところが、最近の少年事件においては、複雑で事実認定が困難な事案や否認事件等が数多く見られるようになったことから、三人の合議体による裁定合議制度が導入された（裁判所法第三一条の四）。

次に、②検察官関与制度の導入であるが、家庭裁判所は、犯罪少年に係る事件で、故意の犯罪行為により被害者を死亡させた罪や、死刑又は無期若しくは長期三年以上の懲役若しくは禁錮にあたる罪につき、その非行事実を認定するために、審判の手続に検察官が関与する必要があると認めたときは、決定をもって、審判に検察官を出席させることができるとした（少年法第二二条の二第一項）。

③抗告受理申立制度の導入については、従来、少年側にしか認められていなかった抗告権を、「抗告受理申立て」という形ではあるが、検察官側にも認めることにした。すなわち、検察官は、検察官関与決定がなされた場合においては、不処分決定又は保護処分決定に対し、決定があった事件の非行事実に関し、決定に影響を及ぼす法令の違反又は重大な事実誤認があることを理由とするときは、高等裁判所に対して、二週間以内に抗告受理の申立てをすることができることになった（少年法第三二条の四第一項）。

この抗告受理申立制度の重要な点は、検察官が抗告受理の申立てをしても、それは抗告権ではないから、高等裁判所の抗告受理決定により初めて抗告審の審理が開始されるという点である。

④観護措置期間の延長については、昭和少年法では、少年を少年鑑別所に収容する観護措置期間は、最長四週間とされていた。しかし、少年事件においても、多数の証拠調べが必要であるなど相当の審理日数を要する事件がある。そこで、最長八週間を限度として更新を行うことができることとした（少年法第一七条第九項）。

最後は、⑤保護処分終了後における救済手続の整備である。従来、少年法においては、保護処分継続中に限り、非行事実がなかったことを認め得る明らかな資料を新たに発見したときは、保護処分の取消しによる救済を認めていたが、しかし、保護処分終了後であっても、審判に付すべき事由の存在が認められないのにもかかわらず、保護処分をしたことを認め得る明らかな資料を発見したときには、決定をもって、その保護処分を取消さなければならないとし、いわゆる再審に類似する、事後的な救済手続が整備された（少年法第二七条の二）。

（3）被害者への配慮の充実であるが、これには、①被害者等に対する審判結果等の通知、②被害者等の申出による意見の聴取、③被害者等による記録の閲覧及び謄写がある。

まず①被害者等に対する審判結果等の通知に関し、少年審判は、刑事裁判とは異なり非公開であるため、事件の内容やその処分等の結果を知りたいという被害者等の要求があっても、従来は、そうした要望に応えることはできなかった。平成少年法では、被害者等の申出により、（ｉ）少年及びその法定代理人の氏名及び住居、（ⅱ）決定の年月日、主文及び理由の要旨を通知することができるとした（少年法第三一条の二第一項）。

次に、②被害者等の申出による意見の聴取であるが、犯罪少年又は触法少年に係る事件の被害者又はその法定代理人若しくは被害者が死亡した場合におけるその配偶者、直系の親族若しくは兄弟姉妹から、被害に関する心情その他の事件に関する意見の陳述の申出があるときは、これを聴取させることができることとなった（少年法第九条の二）。

③被害者等による記録の閲覧及び謄写については、家庭裁判所は、犯罪少年又は触法少年事件について審判開始決定があった後、被害者又はその委託を受けた弁護士から申出があり、被害者等の損害賠償請求権の行使のために必要があると認める場合、その他正当な理由がある場合であって、少年の健全な育成に対する影響、事件の性質、調査又は審判の状況等の事情を考慮して相当と認めるときは、当該保

護事件の記録で非行事実に係る部分に限り、申出をした者にその閲覧・謄写をさせることができることとした（少年法第五条の二）。

3　二〇〇七年改正の要点

二〇〇七（平成一九）年の改正の要点は、①いわゆる触法少年の事件についての警察の調査権限の整備、②一四歳未満の少年の少年院送致を可能とすること、③保護観察に付された少年が遵守すべき事項を遵守しない場合の措置の導入、④国選付添人制度の導入等、である。

①触法少年の事件についての警察の調査権限の整備（第六条の二）に関して、従来、触法少年の行為は刑法上の犯罪とはならないため、刑事訴訟法に基づく捜査はできないとの理解のもと、警察による事実解明に困難を伴う場合があった。そこで、本改正において、家庭裁判所の審判における適正な事実認定や処遇選択をより一層充実したものとし、少年の健全育成の観点からも事実解明の徹底が図られるよう、警察の調査権限を少年法上明確にしたのである。

②一四歳未満の少年の少年院送致を可能とすること（第二四条但し書、少年院法第二条第二項）については、従来、一四歳未満の少年を保護処分にするときは、少年院送致を選択することはできなかった。しかし、一四歳未満であっても、深刻な問題を抱えた者に対しては、早期に矯正教育を施すことが必要であり、従来のように年齢で一律に区分するのではなく、最も適切な処遇選択ができるように、「特に必要と認める場合に限り」少年院に収容することができるとしたのである。

③保護観察に付された少年が遵守すべき事項を遵守しない場合の措置の導入（第二六条の四）は、保護

観察において指導監督に努めたにもかかわらず、遵守事項を遵守しない場合に、保護観察所の長の申請により、家庭裁判所において、明らかな遵守事項の違反があり、しかもその程度が重く、当該保護観察の継続では本人の改善更生を図ることができないと認める場合に、児童自立支援施設等送致又は少年院送致の保護処分を言い渡すこととした。

④国選付添人制度の導入（第二二条の三）は、家庭裁判所が職権で少年に弁護士である付添人を付することができる制度を創設したものである。

4　二〇〇八年改正の要点

二〇〇八（平成二〇）年改正法の要点は、①一定の重大事件の被害者等が少年審判を傍聴することができる制度の創設、②被害者等による記録の閲覧及び謄写の範囲の拡大、③被害者等の申出による意見の聴取の対象者の拡大、④家庭裁判所が被害者等に対し審判の状況を説明する制度の創設、⑤少年の福祉を害する成人の刑事事件について、その管轄を家庭裁判所から地方裁判所へ移管すること等、である。

①一定の重大事件の被害者等が少年審判を傍聴することができる制度の創設（第二二条の四）であるが、従来、家庭裁判所は、審判を非公開とし、被害者等であっても傍聴は認められていなかった。しかし、生命に重大な危険を生じさせる重大事件では、被害者やその遺族から、審判におけるやり取りを傍聴し、具体的な情報を入手したいという強い要望が示されていた。そこで、本改正法において、少年の健全な育成を妨げるおそれがなく相当と認めるときは、傍聴を許すことができるとした。

②被害者等による記録の閲覧及び謄写の範囲（第五条の二）の拡大については、少年保護事件の被害者

等による記録の閲覧及び謄写は、平成少年法においても認められていたが、本改正において、少年の身上に関する供述調書や審判調書、少年の生活状況に関する保護者の供述調書等についても認められることになった。

③被害者等の申出による意見の聴取の対象者（第九条の二）の拡大は、被害者等の申出による意見の聴取の対象者を、被害者の心身に重大な故障がある場合におけるその配偶者、直系の親族又は兄弟姉妹にまで拡大するものである。

④家庭裁判所が被害者等に対し審判の状況を説明する制度の創設（第二二条の六）は、家庭裁判所が、被害者等から申出がある場合、少年の健全な育成を妨げるおそれがなく相当と認めるときは、被害者等に審判の状況を説明することとしたものである。

⑤少年の福祉を害する成人の刑事事件について、その管轄を家庭裁判所から地方裁判所へ移管すること（第三七条の削除）は、従来、児童福祉法違反等の少年の福祉を害する成人の刑事事件については、家庭裁判所が第一審の裁判権を有するものとされていた。しかし、刑事事件担当の裁判官も少年に対する理解は充分であり、かつ適切な対応が可能なため、成人の刑事事件については、他の事件と同様、地方裁判所又は簡易裁判所で取り扱うものとしたのである。

5　二〇一四年改正の要点

二〇一四（平成二六）年改正の要点は、①家庭裁判所の裁量による検察官関与制度及び国選付添人制度の対象範囲の拡大、②少年の刑事事件に関する処分の規定の見直し、である。

①家庭裁判所の裁量による検察官関与制度及び国選付添人制度の対象範囲の拡大（第二二条の二、第二二条の三）は、対象事件の範囲を、「死刑又は無期若しくは長期三年を超える懲役若しくは禁錮に当たる罪」の事件にまで拡大するというものである。国選付添人制度については、前述の、初めて導入された平成少年法においては、その対象は検察官が審判に関与した事件に限られていた。その後、二〇〇七（平成一九）年改正法においては、少年に付添人が必要とされるのは、検察官が関与した場合に限られるものではないとして、その対象事件を拡大した。これにより、家庭裁判所の裁量による検察官関与制度及び国選付添人制度の対象事件は、窃盗、恐喝、詐欺、傷害、過失運転致死傷罪等にまで拡大された。

②少年の刑事事件に関する処分の規定の見直し（第五一条第二項、五二条、五八条第一項第二号）は、（ⅰ）無期刑の緩和刑として言い渡すことができる有期刑の上限を一五年から二〇年に引き上げるものである。これは、成人に対する有期刑の上限が二〇〇四（平成一六）年の刑法改正によって三〇年に引き上げられたこととバランスを取ったものであるといえよう。（ⅱ）無期刑を言い渡された者について、仮釈放をすることができる期間を「七年」から「一〇年」に改める。（ⅲ）不定期刑の適用要件について、「長期三年以上の有期の懲役又は禁錮をもって処断すべきとき」に改める。これによって、少年に対して有期の懲役または禁錮を言い渡すときは、すべて不定期刑を言い渡さなければならないこととなった。（ⅳ）少年に対して言い渡す不定期刑については、その長期及び短期の上限を「一〇年」と「五年」からそれぞれ「一五年」と「一〇年」に改める。（ⅴ）不定期刑の長期と短期の幅について、長期の二分の一（長期が一〇年を下回るときは、長期から五年を減じた期間）を下回らない範囲とする。これは、あまりにもその幅が大きくなると、裁判所が被告人の受ける不利益の程度を画するという機能を充分に発揮することができなくなると考えたからである。（ⅵ）不定

期刑の短期について、一定の範囲内で処断刑の短期を下回ることができる、こととした。

6　少年法運用実態の注視

以上、最近の少年法改正の内容を、改正の要点ごとにまとめて紹介したが、こうした一連の改正は、少年法の本質そのものに関わる改正であったと言っても過言ではない。こうした改正が加えられた少年法を今後どのように運用するのか、われわれは、その運用の実態を、注意深く見守っていく必要があるであろう。

第Ⅵ部　犯罪者をめぐる問題と新たなアプローチ

第十八章　民間ノウハウを活用したＰＦＩ刑務所

――各国の刑事政策における民間活用――

1　ＰＦＩ刑務所とは何か

二一世紀のわが国の刑事政策の分野において、画期的な施策として評価されているものに、民間のノウハウを活用したＰＦＩ刑務所がある。ここでいう、ＰＦＩ（Private Finance Initiative）とは、公共施設等の建設、維持管理、運営等を民間の資金、経営能力及び技術的能力を活用して行う新たな手法であり、効率的かつ効果的な社会資本を整備することを目的に、一九九九（平成一一）年に制定された、いわゆる「ＰＦＩ法」（「民間資金等の活用による公共施設等の整備等の促進に関する法律」平成一一年法律第一一七号）により推進されている制度である。

わが国のＰＦＩ刑務所としては、二〇〇七（平成一九）年四月に運営を開始した山口県美祢市の「美祢社会復帰促進センター」、一〇月に運営を開始した栃木県さくら市の「喜連川社会復帰促進センター」、兵庫県加古川市の「播磨社会復帰促進センター」、そして、二〇〇八（平成二〇）年一〇月に運営を開始した「島根あさひ社会復帰促進センター」がある。広い意味では、二〇一〇（平成二二）年五月から「公共サービス改革法」を活用して七年契約で民間委託事業を開始した、黒羽刑務所、静岡刑務所、笠松刑務所も含まれることになる。

2　諸外国における刑務所ＰＦＩ事業

社会資本の整備・運営に民間資金等を活用することについては、すでに諸外国においては広く取り入れられており、鉄道、道路、橋、学校、病院等のほか、刑務所の建設・運営についても民間の資金等を活用することが行われている。

こうした諸外国における刑務所ＰＦＩ事業の事業内容や仕組みについては、大きく二つの潮流がある。一方は、アメリカ、イギリス等の英米法系諸国のように運営業務のすべてを包括的に民間に委託するいわゆる「民営刑務所型」であり、他方は、フランス、ドイツ等の大陸法系諸国のように、保安業務等はこれまで通り政府が行うこととし、施設の設計・建設や維持管理のほか、給食、洗濯、清掃、職業訓練等のサービス業務を民間に委託する「混合運営施設型」である。

もう少し細かく分類すれば、①施設・管理運営全体の民営化（アメリカ、イギリス、オーストラリア）、②施設は国、管理運営は民間（イギリスの二施設、カナダ、ニュージーランド）、③施設は民間、管理運営は国（アメリカのコロラド州、オーストラリアのビクトリア州、ウェスタン・オーストラリア州）、④施設は民間、管理運営は官民協働（ドイツ、フランス、美祢社会復帰促進センター、島根あさひ社会復帰促進センター）、⑤施設は国、管理運営は官民協働（喜連川社会復帰促進センター、播磨社会復帰促進センター）に細分化することも可能である。

英米法系の国では、権限の委任の理論により、すべての権限は、それが正当に行使される限りにおいて私人にも委任できると整理されており、経験的・実務的に適切ではないと判断されるものを除き、様々な行政分野で民間委託が行われている。

イギリスにおいては、一九世紀後半に至るまで、刑務所は貴族や教会の私有財産であり、またアメリカでは、特に南北戦争末期の南部諸州等において、民間事業者が政府の委託を受けて受刑者を私有の施設に収容して衣類や食事を提供する代わりに刑務作業に従事させて収益を上げることが行われ、従来の奴隷に代わる労働力として、鉄道、鉱山、農場の建設や運営に利用されていたという歴史的経緯があるのである。

なお、民営刑務所型は、イギリス、アメリカのほか、カナダ、オーストラリア、ニュージーランドなど他の英米法系諸国でも採用されているが、英米法系諸国ではないものの、韓国でもこのような民営刑務所が整備されている。

これに対して、大陸法系の国では、刑罰権の行使は国家の排他的専権事項と考えられ、国民の権利・自由に関わる権限の行使は、争議行為や信用失墜行為が禁止され、職務専念義務を負う官吏に留保されることにより、国民の権利・自由が保護されるとの考え方が採られている。

フランスでは、刑務所業務のうち、管理、名籍（姓名・身分等を記載したもの）、保安業務は国王大権（Regalien：本来的に国家が行使すべき権限）であるとの整理がなされ、これらの業務の民間委託は憲法に違反すると考えられている。一九八六（昭和六一）年当時に、アメリカをモデルに刑務所の運営すべてを包括的に民間委託することが議論されたが、違憲であるとの国務院（le Conseil d'Etat）の見解に基づき、結果として、部分的に刑務所業務を民間委託する法律が成立したという経緯がある。

また、ドイツでは、ドイツ連邦共和国基本法第三三条第四項において、高権的権限（正当に物理的な実力を行使して、支配下にある個人に対して、自らの意思を貫徹する権限。公権力ともいう）の行使は官吏に留保される旨規定されていることから、基本法や行刑法に抵触しない範囲で民間委託する業務の範囲を定めることとし、受刑者の権利・義務に直接関わる保安業務は対象としないこととされているのである。

3　アメリカのＰＦＩ刑務所

これはあまり知られていないことかもしれないが、一八五〇年代のカリフォルニア州サンクエンティン刑務所は、アメリカにおける、民間事業者により建設、運営された最初の刑務所である。一九世紀終わり頃まで、ケンタッキー州及びテキサス州では、すべての刑務所を民間委託することが行われていた。

その後、アメリカにおいては州が刑務所を運営することとなったが、刑務所の民間委託が再び行われるようになったのは、一九八〇年代になってからのことである。しかしながら、一九七五（昭和五〇）年にペンシルバニア州で、民間委託された少年処遇施設が存在していたことを考えると、この施設が、二〇世紀になって民間委託された最初の拘禁施設であると考えられる。それに引き続き、一九八二（昭和五七）年からフロリダ州で大規模な少年処遇施設が非営利団体によって管理されるようになったのであり、また、一九八〇年代初めからは、連邦保安官事務所も小規模な施設の民間委託を始めるようになった。

アメリカにおいては、二〇一〇年末現在、連邦、三〇州及びコロンビア特別区において約一二万八一九五人が民営刑務所に収容されており、これは、州刑務所及び連邦刑務所に収容されている被収容者の約八％の割合である（イリノイ州とニューヨーク州は州法により民営刑務所の設置を禁止）。

アメリカは、特にレーガン政権以降の厳罰化政策により、連邦及び州の刑務所に収容されている被収容者が二〇年で約四倍の一三二万人に爆発的に増加する等して、財政負担が著しく増加し、施設の整備を民間資本等に頼らざるを得なかった事情があり、一九八〇年代中頃から広く矯正施設の建設、運営等の民間委託が行われることとなった。特に、いわゆる三振法（以前に重罪で一回あるいはそれ以上の有罪判決を受けた犯罪者に重罰化された刑罰を求めるもの。三振アウト法ともいう）が連邦及び各州で制定されて以降、過剰収容の傾向が強まることとなったのである。

アメリカにおいては、すでに論じておいたごとく、少年処遇施設以外にも、一九六〇年代末より連邦受刑者がパロール（仮釈放）前に移送される「社会内処遇センター」や「ハーフウェイ・ハウス」の運営を民間企業と契約しており、また、「移民帰化局」は、その管轄下にある拘置施設について、一九七九年から民間企業と契約をしていた。これらの施設の民営化の理由としては、民間企業の方が連邦政府よりも迅速に施設を建設することができ、また、そのコストも民間企業の方が削減できるというものであった。

民営刑務所の運営の内容については各州によって異なるが、例えば、テキサス州やフロリダ州では、州法上、民間企業との契約締結は、州政府の管理運営する同等の施設より、七％から一〇％の経費削減を条件としており、州の施設と同等以上の待遇や処遇を行う責務も定めているのである。

4　イギリスのＰＦＩ刑務所

すでに見たごとく、ＰＦＩ手法を活用して刑務所の整備等を行うことは、欧米の先進国の多くで採用されているが、とりわけその先進国であるイギリスにおいては、現在、一三五の行刑施設中、八施設について設計、建設及び運営を民間委託し、二施設については、政府が建設した施設の運営のみを民間委託している。

イギリスにおけるＰＦＩは、国営企業の民営化を推進していた保守党政権下で、官民の役割分担の明確化による公共サービスの効率化を図ろうと考え導入したものと言われているが、刑務所へのＰＦＩ導入については、効率的かつ効果的に社会資本の整備を図ることに加えて、受刑者処遇の質を上げるという特有の事情があったとされている。

イギリスでは、一九八〇（昭和五五）年以降、過剰収容状態が深刻となり、一九世紀に建設されたビクトリア朝様式の古い施設では、受刑者の増加と職員の不足から、自殺事故や暴動、職員のストライキ等が頻発し、劣悪な処遇環境の改善が課題とされていたものの、当時、政府の財政状況は悪化しており、新たな公共投資は困難であったことから、ＰＦＩ手法に着目したのである。

加えて、保守党政権の眼目は、強力な労働組合であった刑務所職員組合の力を弱めることにあったとも言われている。

イギリスにおいても、民間のノウハウを活用しており、例えば、ダヴゲート刑務所では、効率的に業務の実施が可能となるよう、動線に工夫が施されており、併せて、収容増に対応して容易に収容棟の増築が可能となるよう、拡張性にも配慮した構造ともなっている。

イギリスの民営刑務所に関する規定は、「一九九一（平成三）年刑事司法法」（Criminal Justice Act 1991）第八四条以下にあるが、本法により、民間事業者に対して刑務所の管理・運営及び被収容者の護送を委託することが認められ、「一九九四（平成六）年刑事司法及び公共秩序法」（Criminal Justice and Public Order Act 1994）において、民間事業者に刑務所の設計及び建設を委託することが認められた。

ＰＦＩの職員は、公務員である刑務官とほぼ同様の権限を有するが、しかし、施設内における警察官としての権限を有しないために、被収容者の逃走を防止する義務は負うものの、逃走後に追跡して逮捕する権限を有せず、また、施設内で発生した刑法犯も警察が捜査の権限を持つのである。

民営刑務所の運営については、三〇から四〇項目の業績指標があり、それらの違反が一定量に達した場合は、ペナルティとして契約金が減給される。この基準は、概して官営刑務所よりもはるかに良い運営基準であると言われている。

5　フランスのＰＦＩ刑務所

フランスでは、民営化の計画が一九八六年から存在していた。すなわち、同年にアメリカ矯正会社と全米矯正建築会社の代表が来仏し、ボワ・ダルシー拘置所の共同参観を行い、その結果を受けて法相は、年間八〇〇〇人にも及び得る被収容者の増加に対して、民間企業の建設管理への導入が実現すれば、二、三年の間に二万床の増設が可能であるとしたのである。そしてその後、関連する法案がいくつかの修正を加えられながらも可決され、一九八八（昭和六三）年、過剰収容対策としての収容能力増強を目的とした「一万三〇〇〇人計画」に基づき、官民協働による混合運営施設二一施設とその比較のため国営の四施設の整備が進められた。フランス全土を四つの地区に分けて、一〇年契約で四グループに委託されたものであり、一九九二（平成四）年一〇月までにすべての施設での収容が開始されている。二〇〇二（平成一四）年には、新たに「四〇〇〇人計画」に基づき建設された六施設と併せて合計二七施設の運営が五つの地区に分けられ、スエズ運河を整備したスエズ（SUEZ）社や大手ケータリング会社のソデクソ（Sodexso）社等の関連会社三グループに委託されている。

この民間参入によって、建設費は以前の三分の一に抑えられ、刑務官の人員も削減され、職業訓練等において、従来の刑事施設よりも優れたサービスを提供することが可能となったのである。

フランスにおいても、官民協働の形式において、どの程度の民間の参入が可能であるかが問題となった。計画当初は、施設の指揮及び記録管理のみを政府の業務としていたが、結局のところ、監視、社会教育活動をも政府の業務として譲ることとなり、そのため民間は、施設建設、宿泊設備、給食業務、職業訓練、刑務作業等を担当することになった。また、フランスでは、一九九四（平成六）年から行刑施設の医療業務は、国立病院に移管されたが、二〇〇一（平成一三）年四月までは混合運営施設における医療業務は民間に委託されていた。

二〇〇一年、フランス政府は、二九か所の施設をさらに建設することとなった。このときは、民間事業者はさらに多くの業務を受託されることとなり、三〇年間の契約期間で、設計、建設、資金調達、施設の維持管理を行うこととなったのである。委託業務には、洗濯、給食、保守点検、護送、刑務作業、職業訓練等が含まれ、第一区画の契約は、二〇〇五（平成一七）年三月に締結されている。

6　ドイツのＰＦＩ刑務所

ドイツでは、二〇〇五年、ヘッセン州フュンフェルト市に、収容定員五〇〇人の混合運営施設一か所が運営されているが、前述のごとく、ドイツ連邦共和国基本法では、高権的権限の行使は官吏に留保されていることから、同州では、基本法や行刑法に抵触しない範囲で民間委託する業務の範囲を定め、受刑者の権利・義務に直接関わる保安業務は対象としていないのである。すなわち、行刑法は第一五五条第一項に「行刑施設の任務は、執行官吏によって遂行される。特別な理由があれば、この任務を他の行刑施設職員、兼業として義務を負った者及び契約上の義務を負った者に委ねることも可能である」と規定している。この「契約上の義務を負った者」には私人も含まれるところから、この条文を基に、民営化を試みたのである。そしてその上で、この条文から導き出される民間が、いかなる程度の業務を行うことが可能であるかが考えられたのである。

ヘッセン州司法省によって出された一九九九（平成一一）年一二月の「行刑における民営化のモデルプロジェクト」作業班報告書を参考にすると、民間が行うことが可能な業務としては、建物管理業務、料理、洗濯、健康管理、被収容者の物品購入、作業、教育、余暇利用、助言、社会福祉等の世話業務、監視業務の一部である技術的・機械的な保安システムの管理や備品の保護、被収容者の移動についての統制、施設内での同行等の人的統制、被収容者の輸送の際の運転業務である。そして、民間が行うことが不可能な業務としては、全体統制と職務実習の監督という組織高権に関わる業務、被収容者の受入及び釈放、刑の執行の計画策定、拘禁緩和の決定、懲罰措置等の被収容者の身分に関わる処遇業務、監視業務のうち強制措置や人格権への介入権限と関係する外部交通の管理や直接強制の実施に関わるものであるとされている。

また、これらの業務を行う民間職員は行政補助者として位置づけられているのである。

以上のようなＰＦＩ刑務所の先進国であるアメリカ、イギリス、フランス、ドイツ等と比べて、わが国のＰＦＩ刑務所は、約一〇年の実績があるとはいえ、処遇プログラムをはじめ官民協働運営そのものが、その緒に就いたばかりである。今後、将来的にわが国のＰＦＩ刑務所が、アジアのモデル刑務所、そしてまた、世界のモデル刑務所と呼ばれるような成果を上げられるかどうかは、今後の実践と外部からの評価にかかっていると言っても過言ではない。これまでの実務をモニタリングしながら、各プログラムの完成度を高めていく努力が今後ますます必要となってくるであろうと思われる。

第十九章　矯正医療の現状と課題
――被収容者の処遇基盤の充実のために――

1　PFI刑務所と矯正医療

二〇一四（平成二六年）年一月二一日、「矯正施設の医療の在り方に関する報告書――国民に理解され、地域社会と共生可能な矯正医療を目指して」（以下、報告書と略称する）が公表された。報告書は、矯正医療の現状と問題点について叙述し、矯正医療の充実強化のための基本的な考え方（理念）を示し、矯正医療の強化策と改革への道筋を示している。

筆者自身、わが国最初のPFI刑務所（民間の資金や経営能力を用いて公共施設を運営するPFI方式を採る刑務所）である美祢社会復帰促進センターの創設の折に、常勤医師の確保が困難であること等から、その打開策として、外部医療機関（美祢市立病院）に外部委託をするという課題に直面した経験がある。この時は、「特定刑事施設における病院等の管理運営の委託促進事業」（構造改革特別区域法別表第一号の二）に基づいた施策であり、医療法及び刑事収容施設法の特例として、刑事施設内の診療所の管理を美祢市民病院に委託するとともに、美祢市民が、美祢社会復帰促進センター内の診療設備等を利用することを可能にするという方式で問題を解決したのである。そして、この方式により、地域医療の充実が図られることも期待された。

筆者は、美祢市民を対象とした講演会において、こうした事情を説明し、ある市民から、「これで美祢市生まれの美祢市民が誕生することになります。大変ありがたいことです」という喜びの言葉を聞かせてもらったが、残念ながら、診療所の民間開放は順調には進んでいない。

美祢社会復帰促進センターでは、周辺地域に婦人科診療を行う医療機関がなく、住民からの要望が高いことから、当初、女性受刑者向けに整備された診療設備等を利用して、婦人科診療を市民に開放する計画であったが、全国的な婦人科医不足の影響から、現在では計画の変更を余儀なくされているのである。美祢市民の方々に申し訳ない思いである。

2　矯正医療の現状と問題点

矯正施設に収容されている被収容者は、行動の自由を制限され、生活全般にわたって規制を受けていることから、その保健衛生及び医療は、身柄を強制的に拘束する国の重要な責務である。刑事収容施設及び被収容者等の処遇に関する法律（刑事収容施設法）第五六条は、「刑事施設においては、被収容者の心身の状況を把握することに努め、被収容者の健康及び刑事施設内の衛生を保持するため、社会一般の保健衛生及び医療の水準に照らし適切な保健衛生上及び医療上の措置を講ずるものとする」と規定している。

ところが、現在、矯正施設では、①被収容者の急激な高齢化、②生活習慣病の増加、③疾病の複雑化・多様化、④一般社会における医療水準の高度化等の諸事情とあいまって、医療需要が増加している一方で、矯正施設の大半は医師不足の状態にある。

二〇一三（平成二五）年四月一日の時点で、定員三三二人の矯正医官のうち現員は二六〇人（このうち女性四一人）で、七二人の欠員が生じ、定員の二割以上が満たされない状態にある。筆者が三年間にわたって刑事施設視察委員を務めた医療専門施設の一つである八王子医療刑務所においてすら、医師の欠員が常態化していたのであるから、いかに医師不足が深刻であるかがわかるであろう。

矯正医療に関しては、従来より、医師の充足率の減少という問題が指摘されており、老朽化した医療機器が多い上、患者の症例が限られており、医療技術の向上が図れないというデメリットがあると言われていた。確かに、矯正施設は、医師にとって魅力のある職場でないことが医師不足の主な原因であると考えられるが、矯正医官の給与は、民間の医師と比べて大幅な格差が生じていることにも注意しなければならない。

また、医師は、研修の一環として、診察等の臨床の経験を積むことを推奨されるが、一般の医師による場合には、通常、報酬が支払われ、責任ある臨床活動をするため無給での研修を認めない医療機関が少なくないことから、国家公務員法制により無給を原則とする矯正医官の臨床実施機関の確保等に支障をきたしている。さらには、採用についても、年齢が六五歳までに制限されているところから、大学を定年退官した医師を採用することができない状態にある。

報告書は、矯正医官の不足の理由について、次のような要因をあげている。

①一般の医師との給与面における格差があること。

②国家公務員という身分上、研修や兼業の制約があること。

③矯正医官が社会的に評価されにくく、医師としてのキャリアアップに結びつかないこと。
④矯正医官本人としても、業務の過酷さに対応した評価を得られていないと考えやすく、モチベーションが低下しがちとなること。
⑤矯正施設の多くが医師の充足率の低い、生活に不便な地域に立地していること。
⑥施設内で対応可能な症例が限定的で医療設備や機器も充分に整備されていないため、最先端の医療から取り残される不安があること。
⑦患者が被収容者という特殊な立場にあるため医師と患者との間の信頼関係を構築しにくいこと。
⑧被収容者が診療対象者であることから、釈放後における接触の可能性等の恐怖心や危害を加えられることへの不安があること。
⑨医師にとっては医師会・外部医療機関等との連携が重要であるにもかかわらず、矯正医官は医師会等との関係が疎遠となりがちであること。
⑩大学病院が担ってきた地域医療への医師派遣機能が低下したこと。

このような理由で矯正医官が補充できないとすれば、矯正施設に求められる医療水準を充足できないことは明らかであり、わが国の矯正医療はまさに崩壊・存亡の危機にあると言っても過言でないであろう。

3　矯正医療の充実強化

今更改めて指摘するまでもなく、矯正医療を充実させることは、被収容者の処遇を実施する上での基盤であり、その必要性については、医療関係者はもとより、広く国民的理解を得るために努力をすべきことは言うまでもない。現状の矯正医官の不足を補うためには、まずは矯正医官の待遇改善の実現が必須条件であろう。給与水準の見直しをはじめ、勤務時間の見直し、医療技術の維持・向上のための研修の在り方を検討することも必要であろう。

特に、矯正医官の研修については、兼業許可の弾力的運用が要求されるであろうし、矯正医官にとっては、矯正施設内で対応できる症例が限定されていること等からして、医療知識・技術の維持・向上を図るためには、外部医療機関での医療行為の実践が必要かつ重要であることを、われわれ国民も認識しなければならない。

さらには、矯正医官の確保のために、現状の定年年齢を見直すことも必要である。報告書が指摘するように、公的医療機関を退職した後の第二の人生をスタートしようとする医師に、週に二日から三日程度矯正施設で勤務してもらい、ワークシェアリングでの社会貢献活動として矯正医療への協力をお願いすることも、矯正医官不足の解決策の一つとなるであろう。

制度論として考えれば、日弁連が「刑事施設医療の抜本的改革のための提言」（二〇一三年八月二二日）において主張するごとく、①外部医療機関への委託を推進すること、②刑事施設医療協議会（仮称）を設置すること、③刑事施設における医療を法務省から厚生労働省に移管すること等を検討することも必要であろう。

特に、外部医療機関への委託は、筆者が座長を務めた「刑事施設における業務の委託の在り方に関する研究会」での調査結果でも、医師確保が極めて困難とされる北海道において、医師会に管理を委託し、ローテーション化することによって、開業医を中心とした潜在的な人的資源を活用しつつ、公的医療機関の協力を得ることで、医療体制を構築できる可能性は高いという事実を見出している。加えて、周辺の医療機関とネットワーク化を図ることにより、外部の専門医の協力が得られることも可能となるため、これらの医療機関に整備されている高度な医療機器を活用することもできるのではないかと考えられる。

二〇一三年四月一日現在において、矯正医療の外部委託がなされているところは、月形刑務所、喜連川社会復帰促進センター、長野刑務所、島根あさひ社会復帰促進センター、及び美祢社会復帰促進センターの五か所にしか過ぎないが、二〇〇九（平成二一）年三月、刑事施設における医療施設の管理を外部医療機関に委託し、労働者派遣法の適用によって医師を確保する方策が閣議決定されていることをも踏まえて、積極的な診療委託の推進が望まれるところである。

刑事施設医療協議会（仮称）の設置は、行刑改革会議が、移送先病院を確保するため、本省レベル、矯正管区レベルで、厚生労働省、文部科学省、都道府県、医師会等との協議会を設けることを提言していることからも、将来の検討課題となるであろうと思う。

また、矯正医療（刑事施設医療）の厚生労働省への移管については、行刑改革会議は、厚生労働省へ移管しなくても、医療関係機関との協力により、医師の斡旋を受けることは可能であり、厚生労働省への移管によって、国の被収容者に係る医療費予算の確保がことさら容易になるとも考えにくいこと等から、厚生労働省への移管の問題については、現に移管を行った諸外国の動向等を見ながら、今後検討すべき課題であるとしている。

現在のところ、イギリス、フランス、ノルウェー及びオーストラリアのニュー・サウスウェールズ州において、矯正医療を保健当局に移管する等して、一般の保健医療との統合が行われている。わが国の場合、厚生労働省への移管の問題の適否については、各国の医療制度の違い、一般の医療水準も踏まえて充分な検討が必要であると考えられる。しかしながら、矯正施設の診療所（医療刑務所以外は、医療法上「診療所」に位置づけられる）を外部の医療機関に管理委託することにより、矯正医療を一般社会の医療水準と同程度のものにするという目的には近づけられる可能性があり、検討に値する課題であると言えよう。

4　矯正医療業務の委託の在り方

前述した筆者が座長を務めた「刑事施設における業務の委託の在り方に関する研究会」では、地域特性、被収容者の特性及び医療に係る予算が近似し、従来型の国家公務員である矯正医官による診療所の管理が行われている刑事施設と、医療コンサルタントに委託し、特例措置の適用を受け、診療所の管理委託を行っている美祢社会復帰促進センターとを比較し、従来型と管理委託型でどのような違いがあるかについて検証を行った。

単純に診療体制を比較すると、従来型では、単科診療で、週二日、医師の研修日が設定されることが一般的であるのに対し、管理委託型では、委託条件次第ではあるが、医師をローテーションで派遣する方式により、平日五日・一ポストの診療体制が確保できるほか、専門医による複数の診療科を組み合わせることで、外部の医療機関に近い診療が提供できる可能性がある。また、費用面でも、派遣方式に応じて、常勤の矯正医官一人又は二人分の人件費を、特殊勤務手当、非常勤手当等に置き換えることで、同じ費用でより大きな成果が得られるのである。さらに、反射的効果としては、平日五日の診療が確保できるため、外部医治療の件数が減り、刑務官の勤務負担が軽減できる効果も期待できる。

そうは言うものの、全国的な医師不足という現状において、美祢社会復帰促進センターや喜連川社会復帰促進センターのような市民開放を前提とする管理委託については、市民開放の負担が、かえって管理を委託する医療機関の選定自体を困難にするおそれがあることを考えるとき、診療所の管理委託と診療設備の目的外使用とを組み合わせる方式は必ずしも得策ではない。全国展開に際しては、診療設備の目的外使用については、地域医療を充実する観点から要望が強く、地元医師会の協力が得られる等の必要な条件が整う場合に、行政財産の使用許可や物品の貸付け等により対応することが適切ではないかと思われる。

また、管理委託を実施するにあたっては、そもそも常勤の矯正医官を確保することができない施設は、地域医療においても医師の確保が難しい状態にある点を勘案すると、現実的な施策としては、矯正施設全体で医療に係る人的資源の配分を見直すことも必要であろう。

例えば、少年施設は、被収容者の数や年齢に照らすと、刑事施設に比べて医療需要が少ないにもかかわらず、医療に係る人的資源を過剰に投資しているという見方もあるため、刑事施設と少年施設を併せて委託する等の方式により、予算の適正配分を考えてみることも必要であろう。この方策は、少年施設にとってもメリットがあると言える。こうした方策の実施により、少年施設にとっては、専門医による複数の診療科を確保することが容易となり、被収容者の特性に応じた治療が可能となるからである。

5　矯正医療センター（仮称）創設の提言

以上において見たごとく、わが国の矯正医療は危機的状況にある。現在の状況で矯正医官が減少することになれば、矯正施設に求められる一般水準の医療を被収容者に提供できなくなるのは一目瞭然である。

現在のわが国の矯正医療は、医療専門施設（八王子、大阪、北九州、岡崎の各医療刑務所）を頂点とし、その下に医療重点施設（札幌、宮城、府中、名古屋、広島、福岡の各刑務所）、さらに一般施設という、いわゆるピラミッド型の三重構造となっている。これとは別に医療少年院を頂点とする少年院系列の医療機関（少年施設は医療少年院、一般施設の二段階）が存在し、相互に独立して活動している。被収容者の処遇という観点からは統合することはできないであろうが、医療刑務所と医療少年院の医療機能を統合して、「矯正医療センター（仮称）」を創設することは、行刑改革会議の提言にもあるところである。

また、前述のとおり、矯正医官の確保が難しい理由の一つに矯正医療が医師にとって魅力の乏しい職場であることがあげられている。しかしながら、矯正施設には、拘禁という特殊性による種々の精神症状の患者がおり、覚せい剤事犯者やアルコール依存症の患者もいることから、その治療方法の開拓や研究は、医師にとって重要な研究テーマとなるのではないかと思われる。

矯正医療センターに研究部門を設けることにより、矯正医療センターが覚せい剤依存症や精神障害についての充実した研究機関となれば、矯正医療にとって利益があるだけでなく、医師、とりわけ精神科医にとってのやりがいのある職場とすることも可能である。一日も早い矯正医療センター（仮称）の整備が望まれる。

「矯正医療の在り方に関する有識者検討会」は、以下のような提言で、報告書を結んでいる。

「我々は、法務省に対し、最大限の努力を払って各施策を実施し、矯正医官を安定的に確保するなど矯正医療の基盤を整備されるように切望するとともに、たゆまぬ尽力により、矯正医療に携わる医療関係者が誇りと使命感を持ってその任に就き、被収容者の改善更生・社会復帰という矯正施設へ求められる社会的使命を達成されることを期待し、今後の成果に注目していきたい」。

このような中、二〇一五（平成二七）年八月二七日、「矯正医官の兼業及び勤務時間の特例等に関する法律（平成二七年九月二日法律第六二号）が成立し、公布された。この法律の具体的な内容は、①矯正施設の医療の重要性に対する国民の関心と理解を深めるよう努めること、及び勤務条件の改善等矯正医官の確保のために必要な措置を講ずるよう努めることが国の責務として規定されたこと、②矯正施設の外の病院等において診療を行う兼業について、平日昼間において行う場合や報酬を得る場合であっても、法務大臣の承認によって行うことができること、③フレックスタイム制を矯正医官に適用し、公務の能率の向上に資すると認める場合には、四週間ごとの期間につき勤務時間を割り振ることができること等である。

この法律により、医師が働きやすい勤務環境の整備が進み、矯正医官の採用数がわずかではあるが、上昇傾向にある。「地域医療に頼ってきた矯正医療」から「地域に貢献できる矯正医療」への第一歩が踏み出せたと言えるのではあるまいか。

第二十章　犯罪者の更生支援としての職親プロジェクト

1　再犯防止と就労支援

最近のわが国の犯罪統計を見ると、一般刑法犯（刑法典に規定された犯罪）に占める再犯者の割合は、一九九七（平成九）年から上昇を続け、二〇一二（平成二四）年には約五割（四五・三％）となっている。しかも、無職者の再犯率（二九・八％）が有職者の再犯率（七・五％）の約四倍に達しており、刑務所に入所する者の七割（七一・一％）が再犯時に無職である。このような状況から考えると、再犯防止の方策としては、刑務所出所者や少年院出院者が職業に就き、住む場所を確保することが何よりも大切であることがわかる。

こうした「出番」と「居場所」の確保により再犯を防止するための施策を展開することは、現時点での新しい刑事政策の流れであり、そうした施策の中でも、特に注目されるのは、二〇一三（平成二五）年二月に発足した、雇用主が「職親《しょくしん》」として、刑務所出所者や少年院出院者を雇い支援する「職親プロジェクト」であろう。

以下、この職親プロジェクトが再犯防止に果たす役割について検討する。

2　職親プロジェクトとの出会い

二〇一四（平成二六）年三月六日発売の『女性セブン』の「感動レポート――刑務所出所者の『就活』を支援する『職親プロジェクト』の実態」という記事を掲載するにあたって、記者から「職親プロジェクト」について、電話によるコメントを求められた。

刑事政策を専門とする立場から、筆者も、再犯防止の一つの方策としてこのプロジェクトに注目していたので、「職のない出所者の再犯率は、有職者である出所者の約五倍。職がないばかりに生活に困窮し、再犯してしまうケースが多々あるため、就労と居場所の確保は再犯防止につながるのです。しかも、受刑者一人あたり年三〇〇万円程度の経費（税金）がかかることを考えると、再犯を防ぐことは社会全体にとって緊急の課題です」と回答した。

ここで言う「職親プロジェクト」とは、刑務所出所者や少年院出院者の再犯防止を目指して、企業の社会貢献活動と連携し、彼・彼女らに就労体験の機会を提供することで、円滑な社会復帰を支援するとともに、再犯率低下の実現を目指すものである。

この職親プロジェクトは、日本財団が主催するもので、日本財団は、少年院、刑務所、企業、法務省等関係者及び対象者間の調整役として、プロジェクト全体の推進を管理する。そして、資金援助として、対象者一人一か月あたり八万円の支援金（支援金は対象者の自立のための資金とし、使途については企業から報告を受ける）と交通費を支払う。また、対象者に対して教育機会を提供する。そして、五年間で一〇〇人の刑務所出所者・少年院出院者の社会復帰を支援するというものである。

二〇一三年二月二八日、日本財団は、関西に拠点をおく企業七社と協定書を取り交わし、プロジェクトをスタートさせたが、その後、関西の二社が参加し、同年六月の東京説明会を経て、一二月には、関東を中心とする九社が新たに参加している。二〇一六（平成二八）年現在、職親企業は五六社であり、職種は飲食業、美容院、ＩＴ産業、建設業等と多岐にわたっている。

プロジェクトに参加する企業は、刑務所入所・少年院入院中に面接を行い、六か月以内の就労体験を提供する。そして、就労体験においては、対象者を正規雇用（継続雇用）できるように指導することになっている。就労に対しては、関連法規・規則を遵守することは言うまでもない。

3　職親プロジェクトの内容

職親プロジェクトの対象者は、法令、就業規則を遵守した上で、企業が提供する職場で六か月以内の就労体験に参加する。帰住先は職場までの通勤距離を考慮した更生保護施設（自立準備ホームを含む）もしくは社員寮となっている。この「居場所」（帰住先）をどこにするかは、「出番」（就労支援）と同様に重要である。仮退院・仮出所にあたっては、引受人と帰住先の確定が必要であるからである。保護観察所としては、仮に明日出所しても直ちに住める家（部屋）が存在しないと、受入れ可（帰住可）としないことが多いし、仮釈放期間中の生活面での監督を行う引受人についても、対象者の監督が要求されるので、帰住先と就労場所との距離があまり離れているのは問題となるからである。

また、ハローワークは、職親プロジェクト参加希望受刑者等に対して職業相談を実施し、就労体験を提供する企業からの求人について職業紹介を行うことになっており、刑務所・少年院及び企業と連携し、面接時期等を調整する役割を担っている。

職親プロジェクトの対象者については、①刑務所又は少年院での自立、更生意欲が高い者、②応募時の入所又は入院に係る事犯が初入（過去に少年院での矯正教育を受けたことがなく、禁錮、懲役に処せられたことがない）、もしくは犯罪傾向が進んでいない者、③出所又は出院後六か月以内の就労体験に参加できる者となっている。

また、①法定刑に死刑又は無期の懲役・禁錮がある罪を犯した者、②薬物事犯者、③強制わいせつ、強姦、準強制わいせつ事犯者、準強姦事犯者、④満一四歳未満の者に対して罪を犯した者、⑤東京都暴力団排除条例第二条四号の「暴力団関係者」、⑥その他職親プロジェクトに適当でないと判断された者は、プロジェクトの対象者から除外されている。ただし、「職親企業と日本財団の双方が認めた者はこの限りではない」としているところを見ると、例外的に対象者の範囲を拡大することは考慮されているようである。

4　職親企業「千房」の事例

職親プロジェクトの中心となっている全国お好み焼きチェーン店を経営する「千房」の中井政嗣社長は、二〇一三年一二月東京・赤坂の日本財団での調印式において、職親企業の責任者として、次のように述べたという（『BLOGOS』二〇一四年一月三日）。

「会社設立当初は、人手が足りなくて大変な思いをしていたんです。とにかく人材を確保したい一心で採用をしてきた中に、偶然、非行少年や非行少女、元受刑者も入社していました。そうした人たちが、やがて店長になっていった実績があるんです。矯正施設へ入っていたことがあるからと言って、そこで未来が絶たれるべきではありません。人間は無限に可能性があると思うんです」。

「弊社はおかげさまで今では大卒の人も入ってくれるような会社になりましたが、逆に幹部が育たなくなったという悩みも抱えていました。やんちゃな人たちを採用している時は会社に大変活気があった。単純に『社会貢献のため』という理由だけで、このプロジェクトをやっているのではありません。優秀な人材は矯正施設の中にもいる。だから採用していくんです」。

もちろん、実際に出所者や出院者を採用するとなると、トラブルに巻き込まれることもしばしばである。「千房」でも、五年前に雇用した出所者がレジの売り上げを数百万円盗んでいたことが後になって判明するという事態が発生している。中井社長は、こうしたトラブルを承知の上で、出所者や出院者を採用している理由を次のように述べている。

「たったひとり、そういう事件を起こした人がいたからといってこの取り組みをやめたら、大勢の人にチャンスがなくなるじゃないですか。僕らがやっているのは、社会の偏見をなくすことが最大の目的なんです。そのためには、一人でも多くの成功事例を見せなあかん。我々でしたら、出所者が早く店長になって、自分が世話になった矯正施設に面接に行って後輩に内定を出すことが一番のモデルケースになる。これには五年くらいかかるかもしれません。今は採用した出所者が残る率は六割くらいですが、こういう成功事例がいくつもでてきたら、いっぺんに離職率は下がると思っています」。

説明は要らないであろう。「企業の社会貢献活動」や「再チャレンジのできる社会の構築」といった大義名分だけでは説明できない「温情（思いやり）」が、この言葉には溢れている。「過去は変えられないが、自分と未来は変えられる。改心は一人でできても、更生は一人ではできない」という中井社長の言葉の中に、職親プロジェクトへの思いとプロジェクト本来の目的があるのではないだろうか。

5　職親プロジェクトの特徴

日本財団の福田英夫氏は、『刑政』二〇一四年五月号の特集「職親プロジェクト――『矯正教育』における官民の連携」において、職親プロジェクトの特徴として次の三つをあげている。

第一は、職親企業と全国に一〇四か所（二〇一六年七月現在で一〇三か所）ある更生保護施設の有機的連携である。確かに、現存する更生保護施設と連携することで、職親企業は、帰住先の確保とともに生活指導のサポートも受けられるというメリットがあるだろう。

第二は、刑務所で服役中や少年院在院中から社会に戻るための準備ができるということである。受け入れ企業は、出所・出院までの期間、職場で必要となる知識や心構えについて、教材を使って間接的な形ながら学ばせることが可能となる。一方、対象者は、「居場所」と「出番」が確定していることから、出所後の生活設計が可能となり、更生意欲が高まることは間違いないであろう。

第三は、職親企業がお互いに協力し合うことによって、支援体制を構築できるという点である。職親プロジェクトでは、日本財団が事務局となり、それぞれの就労状況に関して定期的に情報共有するための会議を開催している。また、連絡会議を定期的に開催し、対象者の社会参加を支援し、さらに、対象者に対する研修会も定期的に開催し、関係者全体で社会復帰を支援する体制を採っている。それにより、日々起こる悩みや問題に、どのように対処して解決したか、情報を共有することで、新たに対象者を受け入れる職親企業の参考になり、同様の問題を繰り返さないために注意を払えるようになる、と福田氏は言う。この仲間づくり、そして一人の対象者をみんなで支える支援体制が、職親プロジェクトの強みであるという。

これら三つの特徴以外にも、職親プロジェクトでは、職親企業が元受刑者や元非行少年の就労支援の取組を社会に公表し、対象者も前歴を社会でオープンにするところに特徴があり、これが社会から注目を集め、参加の意向を示す企業が増えた一因でもあると言えよう。

また、『刑政』でも「美祢社会復帰促進センターにおける職親プロジェクトの取組について」として紹介している。美祢社会復帰促進センター首席矯正処遇官である國村稔記氏は、企業の申入れによる就労支援は受刑者の社会復帰を円滑にする、次のようなメリットがあることを指摘している。

①企業側と直接協議することができるため、きめ細かな対応ができる。
②雇用者のニーズと受刑者の希望をマッチングさせやすい。
③受刑中に就労先を確保できる可能性が高く、円滑な社会復帰の促進が可能である。
④企業側から当該受刑者に対して出所までに指導・助言してほしいことがあれば、対応できる。
⑤企業側と定期的に意思疎通ができたほうが本人たちにとって励みになる。

6　刑務所出所者等就労支援事業

また、法務省矯正局としても、厚生労働省及び保護局と協議を行った結果、職親プロジェクトについては、今後、公共職業安定所、更生保護機関及び矯正施設とが連携して行う「刑務所出所者等就労支援事業」における実施要領に基づいて協力することを明言している。その上で、矯正施設においては、受刑者・少年院在院者に対して、以下に掲げる事項を周知徹底させることを要望しているのである。

①プロジェクトは、仮釈放・仮退院を前提とした取組であり、就労体験期間（最長六か月間）中は、主にアルバイトとして雇用され、就労体験期間終了後は、正規雇用につなぐことを目指したものであること。なお、勤務態度により就労体験が解消される場合があること。また、プロジェクト参加企業は、公共職業安定所によるトライアル雇用を活用することができ、これを活用した場合の就労体験期間は、トライアル雇用期間と同じ最長三か月間であること。

②プロジェクトは、社会的に公表する形で進められており、職親企業に出所者等が採用されることが公表されていること。また、プロジェクトの対象者となった場合、職親企業の社内及び職親企業間において出所者等であることが知らされることになっていること。

③プロジェクトにおいては、就労にあたり、原則として社員寮又は更生保護施設に居住することとなるため、企業による生活面での指導は就業時間内に限られないこと。

④プロジェクトは、原則として矯正施設に初めて入所した者で、殺人・強盗等の重大犯罪者、薬物事犯者、性犯罪者、子どもに対する犯罪者及び暴力団関係者ではない者を対象としていること。また、プロジェクトの告知から採用内定までに要する期間に鑑みて、刑事施設においては、告知後一年程度の在所期間が見込める者、少年院においては、告知後半年程度の在院期間が見込める者を対象としていること。

そして、就労支援の手続等については、刑務所出所者等就労支援事業実施要領に基づき、矯正施設がプロジェクト参加希望者を支援対象者として選定し、公共職業安定所による職業指導・職業紹介等を経て、職親企業への応募・採用面接等がなされることとなる。また、矯正施設が、職業安定所に対し就労支援の協力依頼をするにあたっては、通達に基づき、刑名刑期又は保護処分等の情報が、公共職業安定所及び職親企業に開示されることについて、プロジェクト参加希望者の同意を得なければならない。あわせて、希望者が未成年の場合には、保護者の同意も必要になることを喚起している。なお、各企業の面接に際しては、日本財団職員が同席する場合があることも注記されている。

また、職親企業が面接するにあたっては、各企業が指定した課題作文（応募動機、受刑生活について等）の提出を求められる場合があり、内定後、仮釈放・仮退院までの間に、職親企業による事前研修（具体的には、面接、手紙の発受信、ワークブックの配布等）が行われることがあることも注記されている。

7　職親プロジェクトの全国展開への期待

二〇一三年一〇月三日に公表された内閣府政府広報室の「再犯防止対策に関する特別世論調査」によれば、「犯罪や非行をした人たちが自分の身近にもいるかもしれないと思うか」という問いに対して、四三・六％の者は、「そう思う」と答え、「犯罪や非行をした人たちの立ち直りに協力したいと思うか」という問いに対しては、五九・一％の者が、「そう思う」と答えている。

また、「再犯を防止するためにはどのようなことが必要だと思うか」については、五八・六％の者が、「住居と仕事を確保して安定した生活基盤を築かせる」と答えており、「過去に犯罪や非行をした人たちを積極的に雇用すべきか」という問いに対しては、五七・二％の者が、「そう思う」と答えている。「就職機会を広げるために、国や地方公共団体はどのような取り組みを進めるべきか」については、六〇・

七％の者が、「職業訓練等によりビジネスマナーや資格・技術を取得させる」と答え、四二・三％の者が、「犯罪や非行をした人たちを雇用した企業や事業主を支援する」と答えている。

職親プロジェクトの全国展開には、何よりも一般国民の理解が必要であることを考えるとき、この調査結果は、企業が職場を提供し、更生保護施設をはじめ社会資源と連携することで、「みんなで一人を支える」という、職親プロジェクトの新たな支援スキームの実現に、明るい未来が感じられるのではあるまいか。

第Ⅶ部　刑事政策のいまとこれから

第二十一章　日本の犯罪対策と「世界一安全な日本」創造戦略

1　新たな行動計画策定に関する有識者ヒアリング

筆者は二〇一三（平成二五）年八月二七日、「新たな行動計画策定に関する有識者ヒアリング」において、「わが国の再犯防止対策はどうあるべきか」というテーマで問題提起をさせていただいた。これは、同年一二月に策定された犯罪対策閣僚会議の「『世界一安全な日本』創造戦略」策定のための有識者ヒアリングの一環であった。以下においては、この犯罪対策閣僚会議によるわが国の刑事政策の新しい施策について紹介する。

2　犯罪対策閣僚会議のこれまでの歩み

わが国の刑法犯認知件数（警察において発生を認知した事件数）は一九九六（平成八）年から二〇〇二（平成一四）年まで戦後最悪の数値を更新し続け、二〇〇二年には二八五万件を突破した。こうした事態を受けて、犯罪対策閣僚会議が、二〇〇三（平成一五）年一二月には、「犯罪に強い社会の実現のための行動計画」、二〇〇八（平成二〇）年一二月には、「犯罪に強い社会の実現のための行動計画二〇〇八」という、計画期間を五か年とする行動計画を策定し、治安対策を推進した。

二〇〇三年の「犯罪に強い社会の実現のための行動計画」においては、「今、治安は危険水域にある」として、「治安回復のための三つの視点」を提示した。一つは、「国民が自ら安全を確保するための活動の支援」であり、国民一人ひとりが地域において安全な生活の確保のための自発的な取組を推進することが求められている。二つは、「犯罪の生じにくい社会環境の整備」である。これは、都市化や核家族化により希薄化した地域の連帯や家族の絆を取り戻し、社会環境による犯罪抑止力を再生することである。三つは、「水際対策をはじめとした各種犯罪対策」である。

これらは、国民の治安に対する不安感を解消し、犯罪の情勢に歯止めをかけ、治安の危機的状況を脱することを目的としたものであった。

二〇〇八年の「犯罪に強い社会の実現のための行動計画二〇〇八」では「犯罪情勢に即した重点課題」として、「身近な犯罪に強い社会の構築」「犯罪を生まない社会の構築」「国際化への対応」「犯罪組織等反社会的勢力への対策」「安全なサイバー空間の構築」「テロの脅威等への対処」「治安再生のための基盤整備」の七点を掲げ、真の治安再生を目指しての施策の着実な実現を図った。

その結果、二〇〇三年から〇八年までの五か年計画期間で、刑法犯認知件数が約二八〇万件から一八〇万件へと大幅に減少し、さらに、二〇〇八年以降の計画期間においても、刑法犯認知件数が毎年一〇万件の減少を見る等、刑法犯認知件数自体は安定的に推移するに至っている。

犯罪対策閣僚会議は、さらに刑法犯認知件数を減少させるべく、二〇一二（平成二四）年七月に「再犯防止に向けた総合対策」を発表し、政府においては、二〇一〇（平成二二）年一二月、犯罪対策閣僚会議のもと、「再犯防止対策ワーキングチーム」を設置し、省庁横断的な検討を進め、二〇一一（平成二三）年七月、これらの喫緊の課題に対し、短期間に集中して取り組むべき施策として、「刑務所出所者等の再犯防止に向けた当面の課題の取組」を策定し、これに沿って、関係省庁が連携して着実に諸施策を実現してきた。

しかしながら、刑務所出所者等の再犯を効果的に防止するためには、長期にわたり広範な取組を社会全体の理解の下で継続することが求められる。そのため、より総合的かつ体系的な再犯防止対策として、発展的に再構築を図る必要があるとして、その再構築にあたり、特に重要と考えられる三つの視点を掲げている。

それは、①個々の対象者の特性に応じた取組の実施、②再犯要因分析に基づく施策の重点実施、③可能な限り具体的な目標設定及びその達成のための仕組みづくり、である。

そして、現実に、再犯防止対策の数値目標として、刑務所出所者等の再犯防止における本対策の効果をできる限り的確に捉えるために、出所等年を含む二年間において刑務所等に再入所等する者の割合（「二年以内再入率」という）を数値目標の指標とすることを明言し、過去五年以内における二年以内再入率の平均値（刑務所については二〇％、少年院については一一％）を基準とし、これを二〇二一（平成三三）年までに二〇％以上削減させることを目標として掲げたのである。そこには、並々ならぬ決意のほどがうかがわれる。

3　「『世界一安全な日本』創造戦略」

こうした経緯の下に、犯罪対策閣僚会議は、二〇一三年一二月一〇日、「『世界一安全な日本』創造戦略」（以下、「創造戦略」と略称する）を発表した。これは、二〇二〇（平成三二）年オリンピック・パラリンピック東京大会の開催を視野に、地域の絆や連帯の再生・強化を図るとともに、新たな治安上の脅威への対策を含め、官民一体となった的確な犯罪対策によって良好な治安を確保することにより、国民が安全で安心して暮らせる国であることを実感できる、「世界一安全な国、日本」を創り上げることを目指したものである。

治安の現状と創造戦略の概要

わが国の治安の代表的な指標である刑法犯認知件数は、二〇〇二年以降減少傾向にあるが、サイバー犯罪、国際テロ、あるいは組織犯罪といった新たな脅威に直面していることも事実である。これらの脅威は、全世界的な国際情勢の変化や経済情勢の変化等を受けて出現したと言えるが、「創造戦略」では、脅威の本質と発生原因とを的確に踏まえた新たな対応が喫緊の課題であると指摘している。

また、近年、わが国では、少子高齢化の進展、世帯規模の縮小、地域との関わりの希薄化といった社会構造の変化により、自主防犯活動に取り組むボランティア団体等による安全・安心な社会の形成のための活動は、従来と同様の規模の活動を維持することが容易ではなくなってきていることも事実である。

二〇一二年七月に行われた内閣府の世論調査では、回答者の約四割が「現在の日本が治安がよく、安全で安心して暮らせる国だと思わない」と回答しており、約八割が「ここ一〇年間で日本の治安は悪くなったと思う」と回答している。このことは、「創造戦略」が指摘するごとく、多くの国民が治安の現状に対して充分に満足していないことを示している証左であるが、同時に、「ここ一〇年間で日本の治安は悪くなったと思う」と回答した者のうち、「治安が悪くなったと思う原因」として、「地域社会の連帯意識が希薄となったから」をあげた者の割合が最も高く、五割強を占めている。

これまでも、地域連帯の再生は、犯罪対策上重要な課題とされてきたが、その達成は、依然としてまだ道半ばであると言わざるを得ず、現時点では、防犯ボランティア等に支えられた安全形成システムを持続可能な形で強化することが極めて重要な課題となっているのである。

新たな創造戦略

今更改めて言うまでもなく、良好な治安を確保し、国民の生命、自由、身体及び財産を守ることは、国の基本的な責務であって、政府の最も優先すべき取組の一つであると言えるが、それは同時に、様々な社会的・経済的活動を支えるものでもある。

「創造戦略」が指摘するように、的確な犯罪対策により良好な治安を確保することは、都市の競争力を向上させ、わが国の産業立地競争力を高め、強い経済を構築することに寄与するものであると言っても過言ではない。そしてまた、良好な治安の確保は、二〇二〇年オリンピック・パラリンピック東京大会の成功の前提でもある。また、子供や女性の安全が確保されていなければ、女性や若者が安心して社会で活躍し、その力を最大限に発揮することができないことは言うまでもない。

前述のように、二〇〇三年以降、内閣において、犯罪対策閣僚会議を随時開催し、「国民が自らの安全を確保するための活動の支援」「犯罪の生じにくい社会環境の整備」及び「水際対策をはじめとした各種犯罪対策」の三つの視点を指針として、犯罪情勢に即した各種の施策を講じ、社会全体を犯罪に対して強いものにするための総合的な犯罪対策を推進してきている。

このような対策の結果、すでに指摘したごとく、わが国の治安は、刑法犯認知件数が戦後最悪期の半数以下に減少し、一定の改善が見られるようになった。これは、政府において、社会の在り方に着目し、目標を明確にして実施した総合的な犯罪対策の有効性を示すものであると言えるであろう。

一方、今日においては、前述したようにサイバー犯罪、国際テロ、組織犯罪といった新たな脅威が出現していることや、社会構造が変化していることを踏まえれば、今後の犯罪対策を進めるために新たな総合的な戦略を策定する必要が生じていることは言うまでもない。

こうしたことを踏まえて、犯罪対策閣僚会議は、政府をあげて、総合的な犯罪対策に取り組むことを明らかにするとともに、今後の情勢の変化をも踏まえて、従来のように五年ごとの見直しではなく、二〇二〇年のオリンピック・パラリンピック東京大会をも見据えた今後七年間を視野に、犯罪をさらに減少させ、国民の治安に対する信頼感を醸成し、「世界一安全な国、日本」を実現することを目標として、「創造戦略」を策定したのである。

創造戦略の内容

犯罪対策閣僚会議が重視する「創造戦略」の第一は、「世界最高水準の安全なサイバー空間の構築」である。

「創造戦略」が指摘するごとく、サイバー犯罪については、サイバー空間での匿名性等を悪用した違法情報・有害情報の拡散や詐欺等の犯罪に加え、情報システムの脆弱性を攻撃する事案が多発しており、組織的に行われたり、最新の高度な技術を悪用したりするケースも見られる。このようなことから、サイバー空間における脅威への対処において、民間事業者等の知見の活用や外国捜査機関等との連携がますます重要になっていると言えるであろう。

「創造戦略」の第二は、「G８サミット、オリンピック等を見据えたテロ対策・カウンターインテリジエンス等」に関するものである。

二〇二〇年のオリンピック・パラリンピック東京大会の開催が決定した要因の一つが、東京は安全な都市であるということは広く知られている。そのため、今後とも、テロ対策等を講じ、良好な治安を確保することは、同大会等のスポーツイベントやG８サミットをはじめとする大規模国際会議等の成功の前提となるものである。

近年では、二〇一三年一月の在アルジェリア邦人に対するテロ事件、同年四月のアメリカ・ボストンでのスポーツイベントにおける爆弾テロ事件等、世界各地で多様な形態のテロが発生しているほか、国際組織犯罪や東アジア情勢の緊迫化等、水際対策や国際連携も含めて対処すべき脅威が存在している。こうした状況を勘案した場合、テロ対策が何よりも重要であることは言うまでもない。

第三には、筆者が提言した内容に関係するものとして、「犯罪の繰り返しを食い止める再犯防止対策の推進」が掲げられている。

わが国では、総犯罪者数の約三割を占める再犯者が、事件総数のうちの約六割の犯罪を実行しているという事実がある。また、受刑者数は近年減少する傾向にあるものの、入所受刑者に占める入所度数が二度目以上のいわゆる再入受刑者の割合は上昇の一途をたどっており、二〇一二年には入所受刑者の約六割を占めるまでになっている。

再犯防止対策を推進するためには、個々の対象者の特性に応じた効果的な取組の充実を図るとともに、ひとたび犯罪や非行をした者が社会的に孤立することなく地域において安定した生活を継続して営めるようにする必要がある。

二〇一三年八月の内閣府による特別世論調査においては、「再犯防止のためには『住居と仕事を確保して安定した生活基盤を築かせる』ことが必要である」との回答が約六割を占めており、関係府省庁間の連携はもとより、地方公共団体、地域のボランティア、民間団体等社会の多様な分野の理解と協力を得ながら、再犯防止対策に取り組むことが必要であることは言を俟たない。

「創造戦略」の掲げる第四の施策は、「社会を脅かす組織犯罪への対処」である。暴力、威力と詐欺的手法を駆使して経済的利益を追求する組織犯罪は、健全な経済・社会活動を歪め、市民の平穏な生活を脅かしている。特に暴力団は、組織実態を不透明化させつつ、各種の資金獲得活動を行っている。東日本大震災からの復旧・復興事業等に介入している実態が明らかになっているのは、その一例である。九州北部を中心に事業者襲撃事件や対立抗争事件も頻発している。また、暴力団への利益供与と引き換えにその威力等を自らの利益拡大に利用し暴力団の活動を助長している者や、繁華街等で勢力を拡大させている準暴力団といった新たな形態の犯罪組織の存在もうかがわれる。さらに、暴力団等による覚せい剤の密輸・密売事犯、合法ハーブ等と称して販売される薬物の蔓延による二次的犯罪や健康被害が、治安に対する新たな脅威となっている。こうした分野の各種犯罪対策も重要である。

「創造戦略」が掲げる施策の第五は、「活力ある社会を支える安全・安心の確保」である。安全・安心が確保されていることは、活力ある社会を作り出すための前提である。特に、子供・女性・高齢者の安全・安心を確保することは重要である。具体的には、いじめ、児童虐待、ストーカー事案、配偶者からの暴力事案、振り込め詐欺等への対策に取り組む必要がある。

そのほか、「創造戦略」では、これまで効果を上げてきた公共空間における街頭犯罪や住宅等における侵入犯罪の抑止対策についても、地域住民や事業者等と一体となって引き続き取り組む必要があることを指摘している。

「創造戦略」の掲げる施策の第六は、「安心して外国人と共生できる社会の実現に向けた不法滞在対策」である。

これまでの水際対策や摘発強化の推進等により、不法残留者は大幅に減少したが、二〇一四（平成二六）年一月一日現在においても、なお、約五万九〇〇〇人が存在している。また、近年は、偽変造文書や虚偽文書を行使すること等により、身分や活動目的を偽って在留許可を得ている偽装滞在者が増加していることが、治安対策上懸念されている。そこで、「創造戦略」では、二〇一二年七月から実施している新しい在留管理制度（外国人登録制度の廃止、ＩＣチップ搭載の在留カードの交付等）により得られる在留外国人に係る情報等を的確に分析し、不法滞在者・偽装滞在者の実態を解明し、効率的な摘発や在留資格取消手続等の推進を図る必要があることが指摘されている。

最後に、「創造戦略」の掲げている施策の第七は、「『世界一安全な日本』創造のための治安基盤の強化」である。

この点に関しては、第一から第六に掲げた施策を効果的に推進していくためには、治安対策に取り組む要員・施設の重点的な充実・整備、制度の改善、科学技術の活用等の多角的観点からの治安基盤の強化が重要であることを指摘している。

4　犯罪防止は国民の使命

以上が「『世界一安全な日本』創造戦略」の概要である。本章で紹介することができなかったが、違法な不用品回収業者への対策や生活保護の不正受給対策から、マネーロンダリング対策や薬物対策、銃器対策や人身取引対策、はたまた死因究明体制の強化に至るまで、あらゆる種類の犯罪対策が「創造戦略」には網羅されている。

この「創造戦略」の実現には、人的・物的基盤の強化や治安関係施設の整備等が必要であることは言うまでもない。二〇二〇年オリンピック・パラリンピック東京大会までに「創造戦略」で提案されている施策の多くを実現することが、政府・地方公共団体は言うに及ばず、われわれ国民の使命であることを肝に銘じたいものである。

第二十二章　平成時代の刑事政策のゆくえ

1　司法制度改革審議会意見書

一九八九（昭和六四）年一月七日、激動と波乱の昭和の時代が終わり、平成の時代を迎えた。一九九九（平成一一）年七月、内閣の下に司法制度改革審議会が設置され、国民に身近で利用しやすく、その期待と信頼に応え得る司法制度を実現すべきであるとの方針のもとに、法科大学院制度や裁判員裁判制度が導入された。法科大学院制度はアメリカのロースクールを模したものであり、裁判員裁判制度は、大陸法系の参審制度や英米法系の陪審制度とは異なった、わが国独自の制度である。そして、これらの両制度は、二〇〇一（平成一三）年六月一二日の「司法制度改革審議会意見書」（以下、意見書と略称する）において提案されたものである。今後、この意見書の提言を具現化することが、平成時代の刑事政策の課題であると言えるであろう。

2　平成時代の刑事政策立法

刑事政策に関しての平成時代の動向としては、一九九〇（平成二）年に、「国際連合アジア極東犯罪防止研修所」（略称アジ研）が起草した、「非拘禁措置に関する国連最低基準規則」（いわゆる東京ルールズ）が、ハバナでの第八回国連犯罪防止刑事司法会議において採択されたことがあげられる。

東京ルールズは、社会内処遇や非施設化の分野における国際的ガイドラインとして作成されたものであり、公判前段階、公判及び判決段階、判決後の段階において、できる限り非拘禁措置を活用すべきことを求めている。

一九九五（平成七）年には、阪神・淡路大震災と地下鉄サリン事件が発生し、これを契機として、ボランティア組織の重要性や犯罪被害者の問題が再認識され、政府レベルにおいても、犯罪被害者への本格的な対応策が講じられることとなった。

一九九六（平成八）年に、警察庁は、被害者対策の基本方針となる「被害者対策要綱」を制定し、これに基づき、被害者に対する情報提供、相談・カウンセリング体制の整備、捜査過程における被害者の負担の軽減、被害者の安全の確保等の施策を推進した。また、警察のほか、検察庁、弁護士会、医師会、臨床心理士会、地方公共団体の担当部局や相談機関からなる被害者支援連絡協議会が、全都道府県レベルで設置された。

さらに、一九九八（平成一〇）年には、警察庁等の支援の下で、全国各地において民間被害者援助組織の設立を推進するための全国被害者支援ネットワークが創設され、このネットワークの活動によって、二〇〇九（平成二一）年七月には、四七都道府県すべてにおいて、民間被害者援助組織が設立されるに至った。このように、平成時代の刑事政策の特徴の一つは、被害者保護政策の実現・強化にあると言える。

3　刑事特別法と刑事訴訟法等改正法の制定

二〇〇〇（平成一二）年には、児童虐待防止法、ストーカー規制法、平成少年法（改正少年法）が、また翌年の二〇〇一（平成一三）年には、配偶者暴力防止法が制定されている。このように、二〇〇〇年以降、刑事政策立法が、議員立法によって相次いで制定された。とりわけ、平成少年法は、少年事件の処分等の在り方の見直し、少年審判の事実認定手続の適正化の規定に加え、被害者等の申出による意見の聴取や記録の閲覧及び謄写、被害者等に対する通知等も整備され、少年事件における被害者等への配慮の規定がおかれることになった。

また同年「刑事訴訟法及び検察審査会法の一部を改正する法律」（以下、刑事訴訟法等改正法と略称する）と「犯罪被害者等の権利利益の保護を図るための刑事手続に付随する措置に関する法律」（以下、犯罪被害者保護法と略称する）が制定された。この「刑事訴訟法等改正法」と「犯罪被害者保護法」を合わせて、通常は「犯罪被害者保護二法」と呼ばれている。

刑事訴訟法等改正法は、まず証人の負担軽減のための措置として、証人尋問の際の証人への付添い、証人の遮蔽措置、ビデオリンク方式による証人尋問、その際の録画等の措置等を設け、その他、親告罪であるいわゆる性犯罪の告訴期間の撤廃と、被害者等による心情その他の意見の陳述等の規定を設けた。

さらに、犯罪被害者保護法は、被害者の公判手続の傍聴、公判記録の閲覧及び謄写、被告人と被害者との民事上の争いについての刑事訴訟手続における和解（いわゆる刑事和解）の措置等を設けている。

また、二〇〇四（平成一六）年には、「犯罪被害者等基本法」が制定され、本法によって「すべて犯罪被害者等は、個人の尊厳が重んぜられ、その尊厳にふさわしい処遇を保障される権利を有する」ことが、基本理念として掲げられ、犯罪被害者等の権利利益を図るための総合的な施策を展開すべきことが、国の責務として規定されたのである。

4　矯正と保護の新時代の幕開け

二〇〇五（平成一七）年には、「刑事施設及び受刑者の処遇等に関する法律」が制定され、また二〇〇六（平成一八）年に、「刑事収容施設及び被収容者等の処遇に関する法律」が成立し、約一世紀もの間、被収容者の処遇の基本法として用いられ続けてきた監獄法が廃止されることになった。

二〇〇七（平成一九）年にも、刑事政策立法上の大改革が行われた。「更生保護法」が制定されたのである。この更生保護法においては、遵守事項の整理・内容の充実化が図られ、また保護観察官と保護司の役割区分の明確化も行われている。この更生保護法の制定により、二一世紀の更生保護を支える基本法が新たに整備されたことになり、わが国の社会内処遇制度を充実するための重要な基盤が確立されるにいたったのである。

5　刑務所出所者等就労支援強化特命委員会

二〇一四（平成二六）年四月一七日付の『毎日新聞』によれば、「刑務所出所者らによる再犯を防ぐため、就労支援策を検討している自民党の『刑務所出所者等就労支援強化特命委員会』は一七日、雇用した事業者に奨励金を支給する制度の創設を求める緊急提言を取りまとめた」と報道している。

確かに、二〇一四年二月に自民党政務調査会に設けられた「刑務所出所者等就労支援強化特命委員会」（以下、特命委員会と略称する）の設立趣旨を見れば、前歴等の事情を知りながらも刑務所出所者等を雇用し、支援しようとしている全国一万一〇〇〇（当時）の協力雇用主の存在は極めて重要ではあるが、その八割が中小零細の事業主であるため、実際に刑務所出所者等を雇用している協力雇用主はその内ごく一部の、約三八〇（当時）事業主に止まっているのが実情であった。そこで特命委員会を設置し、刑務所出所者等の就労確保を飛躍的に進捗させるため、協力雇用主に対する実効性のある支援強化策を至急検討するとともに、併せて、刑務所出所者等の就労活動等を支援する保護司及び更生保護施設に対する支援強化策や、中央省庁及び地方公共団体における公共工事等の競争入札について、協力雇用主を優遇する制度への導入の推進等についても検討することが、特命委員会の設置目的となっていたのである。

これは、二〇一三（平成二五）年一二月に閣議決定された「『世界一安全な日本』創造戦略」における提言を受けたものである。

6　特命委員会の緊急提言（1）

この特命委員会は、再犯防止のための緊急提言として、特に重要な協力雇用主に対する支援強化のための最重点要望として、以下の通り、取りまとめている。

協力雇用主に対する民間による支援の取組では一定の限界があるほか、就労困難者の中でも特に刑務所出所者等は、雇い入れる協力雇用主の負担や不安が大きいにもかかわらず、協力雇用主への国の支援内容が極めて不充分であることを踏まえ、「政府においては、刑務所出所者等の再チャレンジを支えるため、刑務所出所者等を雇用した協力雇用主に対する『就労・職場定着奨励金支給制度』を新たに創設し、二〇二〇（平成三二）年オリンピック・パラリンピック東京大会までに、協力雇用主の下で二万四〇〇〇人以上の刑務所出所者等の雇用を確保するとともに、『就労継続奨励金支給制度』を新たに創設し、就労・職場定着後も継続して長期的かつ安定的に協力雇用主のもとでの雇用を創出すること。また、政府においては、公共工事等の競争入札について協力雇用主を優遇する制度を早急に実施するとともに、地方公共団体に対しても同様の制度を実施するよう強力に働き掛けること」を提言している。

具体的には、政府は、緊急提言を確実に実行すべく、「就労・職場定着奨励金支給制度については、二〇一五（平成二七）年度予算において、従来の予算の枠組みとは別に、新たに二〇億円程度の予算を措置するとともに、就労継続奨励金支給制度についても、従来の予算の枠組みとは別に、新たに一〇億円程度の予算（二〇一五年度予算においては五億円程度）を措置すること」を強く求めている。

これは、出所者等（対象、四〇〇〇人）一人の雇用につき「就労・職場定着奨励金」として、八万円を六か月間支給し、その後六か月間、「継続奨励金」として計一二四万円（三か月ごとに、一二万円×二回）を支給することを内容とするものである。二〇一五年度から六年間で計二万四〇〇〇人以上の雇用確保と、年間三〇億円（初年度は二五億円）程度の予算措置を講じることを求めたものである。

特命委員会は、制度導入に伴う年間三〇億円の予算の出費により、これらの制度を導入しなかった場合に必要となる無職の刑務所出所者等の再犯に伴う刑事司法手続に係る費用や生活保護に係る社会保障費等の国家経費（少なくとも年間八〇億円以上の社会的損失）を削減できると見積もっている。

これほどの大規模な予算を用いての再犯防止策は過去に類例を見ないものであり、わが国の刑事政策上画期的な出来事である。平成時代の刑事政策の新しい波は、国会議員を巻き込んだ大きなうねりとなって、今ここに、国民の前に提示されているのである。

7　特命委員会の緊急提言（2）

特命委員会は、特に緊急に必要な協力雇用主に対する支援強化のための最重点要望の取りまとめのほかに、就労と住居の確保がままならない刑務所出所者等に対する支援強化策についても、緊急提言を行っている。それは、（一）矯正施設における就労支援、職業訓練等の充実強化、（二）満期釈放者等に対する就労と住居の確保のための支援、（三）中央省庁及び地方公共団体において、公共事業の競争入札について協力雇用主を優遇する制度や保護観察対象者を雇用する取組の推進、（四）刑務所出所者等の就労に対する理解を促進するための広報啓発活動の推進等、（五）協力雇用主に対する本格的な給与助成制度の導入等物心両面における支援の強化及び保護司が行う就労支援活動に対する支援の強化、（六）

将来を見据えた、初犯防止対策としての高校中退者等への就労支援の検討等、である。

まず、（一）矯正施設における就労支援、職業訓練等の充実強化であるが、特命委員会は、ここでは、三つの点を強調している。

①矯正施設在所中から出所後の就労を見据え、社会人としてのマナーや適切な対人関係の持ち方を身に付けさせる等、職場環境に適応できる健全な人格形成に配慮するとともに、公共職業安定所とも連携し、矯正施設在所中に企業等との面接を実施するなど矯正施設における就労支援を充実強化すること。

②協力雇用主をはじめとする刑務所出所者等の雇用に意欲的な企業のニーズや労働力不足分野の状況を踏まえ、矯正施設における職業訓練種目を見直し、充実させるとともに、矯正施設在所中から必要な技能や資格等を習得させる等、矯正施設における職業訓練を充実強化すること。併せて、企業のノウハウを活用した職業訓練の実施についても検討すること。

③少年院において、高校中退者等の少年への教科教育・職業指導及び就労支援を充実強化すること、がそれである。

（二）満期釈放者等に対する就労と住居の確保のための支援については、以下の四点を強調している。

①保護観察がつかないため再犯リスクの高い満期釈放者に対しては、更生緊急保護制度（本人の申出により保護観察所が支援する）の活用推進を図るなど就労と住居確保に向けた国による社会復帰支援をさらに強化すること。

②更生保護施設は、脆弱な職員体制の中で、就労支援や住居確保の必要性・緊急性が非常に高い刑務所出所者等の処遇を実施していることから、個々の刑務所出所者等の早期自立に向けたきめ細かな就労支援を確実に実施できるよう、公共職業安定所との連携を含め更生保護施設の処遇実施体制を強化すること。

③住み込み就労が可能な協力雇用主を開拓・確保するとともに、宿泊施設を保有するＮＰＯ法人や社会福祉法人等による自立準備ホームの取組を活用するほか、増設も含め更生保護施設の今後の在り方を充分に検討すること。

④公営住宅の入居手続等に関する情報提供の充実や空き家を更生保護施設等として活用することを図る等して、公営住宅や空き家等を住居のない刑務所出所者等において活用できるようにするほか、帰住先のない刑務所出所者等に対して就労支援等と連携して公営住宅等に入居させる仕組みについて検討すること、がそれである。

(三) 中央省庁及び地方公共団体において、公共事業の競争入札について協力雇用主を優遇する制度や保護観察対象者を雇用する取組の推進と(五)協力雇用主に対する本格的な給与助成制度の導入等物心両面における支援の強化及び保護司が行う就労支援活動に対する支援の強化については、前述の緊急提言(1)とほぼ同じである。

(四) 刑務所出所者等の就労に対する理解を促進するための広報啓発活動の推進等については、以下の三点を強調している。

①社会全体において、協力雇用主に対する理解を深めるとともに、刑務所出所者等の就労について理解を促進するため、関係省庁が緊密に連携し、地方公共団体や広く国民全体に対する広報啓発活動を徹底すること。

②保護司、日本更生保護協会、更生保護女性会、ＢＢＳ会、就労支援事業者機構等による多様な広報啓発活動を推進するための支援を強化すること。

③刑務所出所者等に対する資格制限について、各法令における資格制限の趣旨等を踏まえつつ、社会

情勢等に応じた各法令の見直しを含め刑務所出所者等の就労を過度に制限することのないよう配慮すること、がそれである。

（六）将来を見据えた、初犯防止対策としての高校中退者等への就労支援の検討については、（一）③とも関連するが、以下の三点をあげている。

①高校進学に至らないことや高校中退したことが、社会からドロップアウトして犯罪や非行に結びつかないようにするため、特に親子関係に問題がある等の特殊事情を抱える場合には、スクールカウンセラーやスクールソーシャルワーカー等による学校における教育相談体制の充実をはじめ、安易に高校中退に至らないようにするための施策を講じること。

②高校進学に至らないことや高校中退したことが、社会からドロップアウトして犯罪や非行に結びつかないようにするため、高校中退者等に対して、地域若者サポートステーションや公共職業安定所と学校が連携し、必要に応じて、職業訓練の受講を含めマンツーマンによる徹底した就労支援を実施すること。

③高校中退者等を雇用する事業主に対する支援策についても検討すること、がそれである。

8　平成時代の刑事政策の要諦

以上、犯罪者がひとたび再犯に陥った場合には、警察、検察、裁判、矯正、保護の刑事司法制度の各段階において、莫大な費用がかかるという事実を考えるとき、「再犯の防止」と「犯罪の予防」こそが、平成時代の刑事政策の要諦となることは疑いのない事実であろう。

ま　行

や　行

ら　行

た　行

な　行

は　行

索　引

（＊は人名）

あ　行

か　行

さ　行

《著者紹介》

藤本哲也（ふじもと・てつや）

1940年　愛媛県生まれ。

1963年　中央大学法学部卒業。

1969年　中央大学大学院博士課程法学研究科刑事法専攻単位取得満期退学。

1970年　フロリダ州立大学大学院修士課程犯罪学部修了。

1975年　カリフォルニア大学（バークレー校）大学院博士課程犯罪学部修了。

現　在　中央大学名誉教授，犯罪学博士，弁護士，矯正協会会長，日本更生保護学会会長，最高検察庁参与。

主　著『犯罪学原論』日本加除出版，2003年。

『犯罪学研究』中央大学出版部，2006年。

『性犯罪研究』中央大学出版部，2008年。

『よくわかる刑事政策』ミネルヴァ書房，2011年。

『新時代の矯正と更生保護』現代人文社，2013年。

『刑事政策概論（全訂第７版）』青林書院，2015年。

『刑事政策の国際的潮流』中央大学出版部，2016年。

その他，多数。

叢書・知を究める⑨

犯罪はなぜくり返されるのか

――社会復帰を支える制度と人びと――

2016年11月15日　初版第１刷発行　〈検印省略〉

定価はカバーに
表示しています

著　者　藤　本　哲　也

発行者　杉　田　啓　三

印刷者　田　中　雅　博

発行所　株式会社　ミネルヴァ書房

607－8494　京都市山科区日ノ岡堤谷町１

電話代表（075）581－5191

振替口座　01020－0－8076

創栄図書印刷・新生製本

ISBN978-4-623-07799-1

Printed in Japan

叢書・知を究める

①脳科学からみる子どもの心の育ち　乾　敏郎　著
②戦争という見世物　木下直之　著
③福祉工学への招待　伊福部　達　著
④日韓歴史認識問題とは何か　木村　幹　著
⑤堀河天皇吟抄　朧谷　寿　著
⑥人間《ひと》とは何ぞ　沓掛良彦　著
⑦18歳からの社会保障読本　小塩隆士　著
⑧自由の条件　猪木武徳　著
⑨犯罪はなぜくり返されるのか　藤本哲也　著

ミネルヴァ通信
KIWAMERU
「究」

■人文系・社会科学系などの垣根を越え、読書人のための知の道しるべをめざす雑誌

主な執筆者　植木朝子　臼杵　陽　河合俊雄　小林慶一郎
新宮一成　砂原庸介　額賀美紗子　馬場　基　古澤拓郎
簑原俊洋　毛利嘉孝

＊敬称略・五十音順
（二〇一六年十月現在）

毎月初刊行／Ａ５判六四頁／頒価本体三〇〇円／年間購読料三六〇〇円